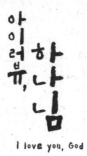

I love you, God

별꽃처럼 피어난 이야기들과
하나님을 향한 찐한 사랑을
기도로 엮어 고백하는 말
'I love You, 하나님'

아이러뷰, 하나님

I love you, God

初更 김유순

도서출판 HIM

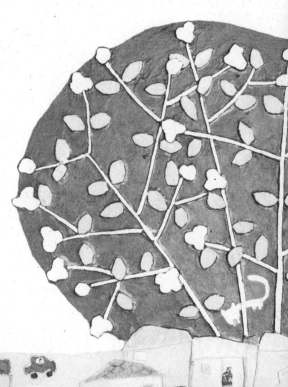

잔잔한 감동이
영혼까지 젖게 하는 글

시인 김 소 엽

대전대석좌교수 / 한국기독교문화예술총연합회장
저서[사막에서 길을 찾네][하나님의 편지]등 다수
- 편집자 주 -

한번 읽어 봐 달라는 요청으로 출판사로부터 초벌로 인쇄된 글을 받았을 때엔, 별 기대를 하지 않았었습니다. 한때 문학소녀였던 중년부인이 옛 꿈을 버리지 못해서 자기의 넋두리나 아니면 감상 부스러기 등을 주체하지 못하거나 버리기엔 너무 아까워서 글이라는 그릇에 좀 담아 보았겠거니 생각했습니다. 또 사모의 글이라고 해서, 교인들로부터 받은 스트레스를 글로 풀었겠거니 하고도 생각했습니다.

그러나 한편 한 편 읽어 가면서 나도 모르게 단숨에 다 읽을 만큼 재미있고 문장의 흐름이 유연하다는데 놀랐습니다. 그뿐만 아니라 일상의 자질구레한 일들 속에서 그 연결고리가 하나도 빠짐없이 예수님의 사랑과 연결되어 있다는 사실에 적잖게 놀랐습니다.

바로 예수님의 자녀들이라면 누구나 다 그렇게 살아가야 되는 것이 아닌가 하는 생각이 들게 됩니다. 작은 사건 사건마다 예수 그리스도의 뜻과 섭리로 받아들이고 그런 일상 속에서 하나님을 기쁘게 하는 일을 행하려는 아름다운 신앙인의 생활 자세를 배우게 합니다. 작은 일마다 하나님께 감사하며 이웃을 사랑하며 살아가는 모습은 우리 마음에 한없는 평화와 안식을 줍니다.

보고 만져지고 느껴지는 물질 만능과 시청각시대에, 보이지 않는 것을 보고 감각적이 아닌 영적인 것을 추구하며 영혼의 문제를 중요하게 생각하며 하루하루를 감사로 살아가는 길을 촘촘히 실은 이 글은 메말라 가는 현대인들에게 생수를 부어 주듯 갈한 심령을 축이기에 충분한 글입니다.

문장의 탄력도 좋고 문체도 군더더기 없이 깔끔하고 명쾌하며 구성도 치밀하여 또한 읽는 이가 전혀 부담 없이 읽을 수 있습니다. 그 생수의 강물을 따라가면 사슴이 시냇물을 좇듯이 그렇게 푸르른 초장에 우리를 인도해 줍니다. 이것은 대단한 필력입니다. 저는 이 한 권의 책을 통하여 우리나라에도 미우라 아야꼬에 버금가는 작가가 탄생했음에 대해 경하하지 않을 수 없습니다.

이 작가가 인도하는 시각대로 따라가다 보면 우리 마음에 낀 때도 벗겨져서 참으로 새털처럼 부드러운 영혼의 세계에 이르게 됩니다. 이것이 바로 글이 추구하는 목적일진데 필자는 자연스럽게 그 일을 성취해 내고 있습니다.

부디 이 한 권의 책 속에 담긴 생활 속의 잔잔한 감동을 통하여 우리 크리스천들이 변화되기를 바랍니다. 주부들의 시각이 바뀌고, 내가 썩어지는 밀알로 십자가 짐으로 어둔 곳에 등불 밝히는 가정이 많아짐으로 사회가 밝아지고, 명실공히 우리나라가 기독교 국가로 세계의 등불이 될 수 있기를 소망합니다.

우리나라 기독교 역사가 짧지만, 1,100만이 넘는 신도 수를 자랑하고 있는데, 삶 속에서 기독교적 생활이 실천되지 않고 있기 때문에 교회 안에서의 믿음과 우리 생활이 너무 다른 모순된 삶을 살아가고 있습니다. 그래서 기독교인 숫자는 우리나라 인구의 사분의 일이 넘어도 우리 생활은 더욱 각박하고 사랑은 커녕 인간적 온기마저 사라져서 살벌한 시대를 살아가는 현대가 되었습니다.

그러나 이 작품을 읽고 있노라면 기독교인의 삶의 인식, 의식, 자세 등을 우리는 배울 수 있습니다. 그 배움은 교과서적인 것은 결코 아니고, 감동하여 받은바 은혜에서입니다. 기독교인이 어떻게 생각하고 행하며 살아갈 것인가에 대해서 우리들로 하여금 많은 생각과 반성을 하게 해 주는 이 책은 어둠을 밝히는 등불이며, 우리의 식은 마음을 덥혀 주는 봄바람이며, 갈한 심령을 적셔 주는 생수가 될 것입니다.

　　좋은 책을 써 주신 김유순 사모님께 무한한 발전과 하나님께 영광되기를 바라면서 거듭 축하하며 감사드립니다.

어릴 적, 아담하고 조그만 우리 집 마당은
겨울 빼고 내내 꽃들이 향기로웠습니다.

채송화 봉숭아 해당화 과꽃 나팔꽃 맨드라미 수레국화
백일홍 나리꽃 분꽃 석류꽃 해바라기 노랑국화 꽃창포
포도나무 각시복숭아나무 감나무 돌배나무 살구나무

그 중에 감나무가 제일 크고 많았지요.

별처럼 감꽃이 조롱조롱 피어나
땅으로 통통 소리 내며 떨어지면
학교에서 돌아오자마자
마루에 가방 내던지고
꽃목걸이 만들어서 두 겹 세 겹 걸고 다녔습니다.

문득, 별처럼 피어난 감꽃같이
그리운 시간, 그리운 얼굴들이 떠올라
오래 묵은 책 다시 꺼내어
이렇게 엮어 보았습니다.

슬프지만 예쁘고
황당하지만 애교스럽고……
때로는 힘들었지만,
함께 할 수 있어 행복했었던 지난 이야기들을
환하고 여유롭고
사랑스런 마음으로 떠올려 봅니다.

지난 책 새로 엮으며
가난했던 저에게 조건 없이 책을 만들어 주셨던 분
아낌없는 찬사로 추천의 글을 써주셨던 분

고마운 독자가 되어 방송국에서 일 할 수 있도록 기회를 주셨던 분
그리고 이 글의 주인공이 되어 준 모든 분들께
너무 늦었지만
아직도 감사와 그리움 간직하고 있음을 전하고 싶습니다.

이 책을 사랑해줄 모든 이에게
2012년 4월 눈부신 봄날 이른 저녁

初更 김유순 드림

차례

오초이

'오초이'

예쁜 이름이지만 조금은 수상쩍은 이름이었다.

작년 여름 삼복더위로 온 땅이 타 버릴 것 같은 열기 속에서 만나게 된 초이는 도저히 사랑할 수 없는 모습을 하고 있었다.

노랗게 물들인 머리칼은 윤기 없이 뻣뻣한 채 사방으로 흩어져 있었고, 한참 유행이던 짧은 반바지는 시선을 주기에 민망할 정도였다.

허옇게 분이 발라진 얼굴엔 검고 짙은 마스카라가 묘한 대비를 이루어 무대 뒤에서 만난 삐에로 마냥 흠칫 놀라게 했다.

급하게 의뢰받은 책의 교정과 편집 작업으로 마음과 몸이 한꺼번에 분주했던 때, 어떤 형제로부터 전화를 받게 되었다. 예수님에 대해 알게 된 지 얼마 안 된 그는 사모님께 자세히 설명할 수 없는 부탁을 해야겠다는 거였다.

사연인즉, 자매 하나가 갈 터이니 아무것도 묻지 말고 그저 있고 싶은 대로 좀 머무르게 해달라는 거였다. 평소 그의 심성을 잘 아는 터라 별생각 없이 그러자고 했다.

이틀 후 전화가 왔고 을지로에서 만나기로 약속이 되었다.

출판사에서 내가 일하고 있는 사이, 남편이 그 자매를 만나러 갔다. 꽤나 시간이 흐른 후 목소리 색깔이 달라진 남편으로부터 요 앞 찻집에 있으니 빨리 와보라는 전화가 왔다. 무슨 일이 있냐고 물으니 그저 와 보면 안다는 거였다.

호기심도 생기고 재미도 있어서 달려가 본즉 아차 놀라고 말았다. 남편 눈치를 보니 이래도 같이 지낼 수 있겠냐는 염려가 역력했다. 평소 지나치게 보수적이고 민감한 성격인 내 허물을 잘 아는 터였다.

우리 목회의 기도제목은 소외된 사람, 떠도는 사람, 가난한 사람, 몸이 불편한 사람, 상처받은 사람과 더불어 함께 살아가자는 거였다.

주님을 알기 전 이기적으로만 살았던 우리의 삶을 돌아보며 복음의 빚진 자로서 내린 서로의 결론이었다.

하지만 상상의 극치를 달리는 '초이'의 모습에서 주님의 '시험'이 어떤 것인지를 실감할 수 있었다.

초이는 오는 날부터 천방지축이었다.

겨드랑이가 다 드러나는 민소매 윗도리는 그렇다 치고, 짧은 반바지를 입은 채, 바닥에 철퍼덕 앉으면 오히려 내 얼굴이 붉어졌고, 욕실 벽이며 문밖으로 물을 튀기며 매일매일 좍좍 샤워를 했다. 야스레한 속옷은 빨아서 교회 조명등 위에 척 걸쳐

오이

넓었고 군것질하던 습관을 참지 못하여 냉장고 안 밑반찬들을 보이는 대로 먹어치웠다.

인이 박혀버린 듯 한 담배는 집 뒤로 돌아가 담 밑에 쭈그리고 앉아 후다닥 피우는 눈치였다.

남 앞에서 절대로 지우지 않는, 하회탈 같은 화장끼는 심지어 잠자리에 들 때까지 그대로였고, 아침 느지막이 일어난 초이는 욕실에 달려가 화장 고치기에 여념이 없었다.

타올마다 시커먼 마스카라며 뿌연 파운데이션을 묻혀 놓곤 했다.

기회만 있으면 전화를 거는 눈치였는데 아마 누군가 멋진 카페 하나 내주기로 약속해 놓고 마음이 변한 것인지 안달복달하는 전화였다.

그런데 신기한 것은 나름대로 성경을 보려고 애를 쓰고 있었고 저녁이 되어 한자리에 모이면 걸프전 때 쏘아댄 미사일마냥 질문을 퍼부었다. 제법 질문이 날카롭기도 하고 신선해서 진지한 대답을 해 줄라치면, 종국은 다리를 척 꼬고 앉아서 그것도 대답이냐, 억지지 하며 얼굴을 붉혔다.

모든 대답이 '예수그리스도의 사랑'으로 결론 내려지는 세상사 해결법이 도무지 마음에 안 든다는 거였다.

처음엔 초이의 무분별한 행동으로 갈등도 많고 괴로움도 많았지만, 시간이 지나면서 조금씩 사랑스러워졌다.

엄마는 밉고 아빠는 보기 싫다는 초이의 말에서 그동안의 험악한 '인생길'을 짐작만 할 뿐, 묻지는 않았다.

마주 앉아 밤새워 이야기라도 하는 날이면 내가 쓴 수필이며

시를 읽고는 별거 아닌데도 누구보다 감격해 하는 거였다. 그러면서 조금씩 자신의 인생 이야기를 해 주었고 같이 울기도 했다.

초이와 같이 있으면 폭풍의 언덕에 서 있는 느낌이었다.
그러던 어느 날 초이는 갔다.
사택이 함께 붙어있는 교회는 행동에 제약이 많아 답답했던지 그 전 날 초이는 외출을 했었고, 술도 한 잔 처억 걸치고 돌아와서는 성경책을 가지고 나가 전도했다며 자랑을 했다.

초이가 가던 날······.
양처럼 순하게 무릎을 꿇은 초이는 영원히 잊지 못할 거라는 말을 했다.
섭섭하기도 하고 그동안 더 친절하지 못했던 것이 후회가 되기도 해서 손을 꼬옥 잡아 주었다.
"초이는 나에게 많은 걸 느끼게 해 주었어. 초이 이야기를 쓰고 싶어. 괜찮겠니?"
"여엉광이죠, 그대로 써요, 괜찮아요, 나 같은게 주인공이 되는 것만 해도 감지덕지지······."
그동안 몇 벌 사 준 얌전한 옷과 성경책을 보따리에 챙겨 넣고 초이는 갔다.

몇 달이 지나 겨울 문턱에 들어섰을 때 초이는 전화를 했다.
못 잊어 하던 '그이'도 다시 만났고, 살림도 차린 것 같았다.

오이

"사모니임……, 대구예요, 우리 그이가 저 돌보아 줘서 고맙대요. 예수사랑교회에 꼭 가보고 싶대요. 서울 가면 찾아갈께요……."

초이는 나의 마음속에 기상천외하지만 사랑스러운 아가씨로 남아 있다.

· ·

사랑의 주님, 방황하는 젊은이들을 위하여 기도합니다.
그들 위에 주님의 사랑이 머무르게 하옵소서. 또한, 상처받은 이를
내 안으로 맞아들일 수 있는 관용과 사랑을 주옵소서.
예수님의 이름으로 기도합니다. 아멘

초도 청년 철이

자정이 사뭇 넘은 시간이었다.

"찌리리리."

전화벨이 울렸다.

"행수님이요? 여그 초돈디요, 그냥 해봤시오, 몸은 건강하신감요?"

"행님은요? 와따! 나가 행수님 보고 싶어 죽겄는디."

"아하! 철이 형제, 반가워요, 잘 지내세요?"

"언지나 오신다요? 화따마! 보고 싶어 죽겄는디……."

전화할 때마다하는 이야기 순서가 늘 똑같아서 우습기도 하고 여수에서 뱃길로만 대여섯 시간 가야하는 머나먼 섬에서 바다내음 묻혀 온 구수한 사투리가 반갑기도 하다.

평소 죽은 듯이 말수가 없는 철이 형제가 대담하게(?) 보고 싶다는 말을 할 수 있는 것은 늦은 시간 거나하게 취했을 때이다.

초도에 처음 갔을 때의 기억은 아직도 그림처럼 내 마음속에 펼쳐져 있다. 통통배를 타고 새벽안개를 젖히며 도착한 선착장엔 서울 양반(?)구경을 위해 섬주민들이 주욱 늘어서 있었고, 흐르는 안개 사이로 무지개색 햇살을 받은 예미교회가 동백나무 숲에 하이얀 자태를 드러내고 있었다.

신기하게 아들만 낳는다는 초도에는, 눈으로 확인시켜 주듯 청년들이 참 많았었다.

처음엔 서울에서 온 이방인을 사뭇 경계하며 텃세를 부리려고 시비도 걸어왔지만 남편 특유의 위트와 이해심으로 그들의 마음을 활짝 열 수 있었다.

초겨울 차가운 물속을 마다 않고 잠수하여 전복을 따주던 장준이 형제, '하하하' 웃음소리 거창한 해석이 형제, 묵묵히 문어잡이 통통배를 타고 나서는 정옥이 형제……

정든 섬 뒤로 두고 도시로 나가 돈 벌어 보겠다고 공장에 취직하여 차가운 기계에 한쪽 손만 빼앗긴 채, 돈 많은 공장주에게 분노만 받아와, 무겁게 마음이 닫히고 말수가 없어진 청년.

허망하게 펄렁거리는 한쪽 소매 끝을 젊은 패기와 함께 주머니 속에 구겨 넣은 채, 아직도 우악스러운 도시냄새가 가시지 않은 육지의 사연들이 차곡차곡 쌓인 우편 배낭을 한쪽 어깨에 둘러메고 통통배로 이 섬 저 섬 오가며 소식 전하는 우체부 청년……

그가 바로 철이 형제다.

이제는 담배도 끊고 교회에 나간다는 그는 친구들 의리 때문에 아직 술 한 잔 씩은 한다며 하나님의 용서를 구하는 거였다.

  몸 건강하시고, 고기 많이 잡아 줄 테니 빨리 내려오시라는 당부와 함께⋯⋯.

                                   • •

      사랑의 주님, 차가운 도시문명 속에 스러져가는 진실과 순수함으로 인하여
             간절히 기도합니다. 어느 곳에 있다 하여도
         우리들 마음만은 서로를 향한 사랑이 식지 않게 하옵소서.
             예수님의 이름으로 기도합니다. 아멘

내 각시 나와랏!

며칠 전 눈물 나게(?) 재미있는 이야기를 들었다. 나이가 쉰하고도 하나가 더해진 노총각이 있었다 한다.

한창나이 땐 법관 되고픈게 희망 사항이어서 고시공부라는 것도 했다는데, 맘먹은 대로 안 되는 세상을 살다 보니 술에 젖어 정신이 그만 아리송송해진 터인지라 고시공부는 고사지간하고 장가도 못 들게 되어 그럭저럭 쉰 넘긴 총각이 되고 말았던 것이다.

어찌어찌 흘러흘러 경마장 가는 길 한 켠, 비닐하우스 옹기종기 모여 있는 동네에 살게 되었는데 마침 비슷하게 초라한 모양으로 동글 납작 서 있는 교회가 눈에 띄어 슬그머니 들여다보니 보기보담 오밀조밀 푸근해 보였던가 보다.

예배시간 뒷자리 한켠 차지하고 보니 웬걸, 수십 명을 앞에 놓고 설교하는 교역자가 자신보다 십 년쯤 젊어 뵈는 가녀린 모습의 여전도사였으니.

그때부터 그 여전도사님은 노총각 스트레스 푸는 밥(?)이 되고 말았다.

긴긴 겨울밤 이리 뒤척 저리 뒤척 잠은 안 오고 스트레스 쌓이면 발끈 일어나 교회로 직행, 여전도사님 잠들어 있을 만한 숙소 담에 오줌을 누어댔다.

'○○○야, 나와라! 내 각시 나와랏!'

그렇잖아도 시도 때도 없이 포크레인 들이대며 불법 비닐하우스 교회를 밀어 버리겠다고 으름장 놓는 바람에 콩알 만해진 간이 뚝 떨어지는 여전도사님, 그분은 힘들고 어렵고 소외된 사람들과 함께 평생을 처녀로 살겠다고 주님 앞에 서원하고 가난한 동네 사람들 모아 성경도 가르치고 아이들 모아 과외공부도 시켜주며 알탕 갈탕 몸부림치면서, 50여 명 모인 식구들 위해 시간마다 때마다 부르짖어 기도하는 터였다.

어쨌든 이 노총각은 전도사님의 특별기도 제목이 되었다. 다름 아닌 좋은 색시 보내 주어 빨리 장가들게 해달라는 거였다.

이유인즉, 교회에 남자 손님, 예컨대 목사님이나 동료 남 전도사님께서 오실라치면 얼큰하게 한 잔 걸치고는 목사님 옆에 바짝 코를 들이대고 앉아

'○○○는 밤마다 서방이 바뀌는 사기꾼이여!'

'○○○는 내 각시여!' 하며 횡설수설 주절대기 일쑤였으니, 예수님의 사랑으로 참는 것도 늘 한계선을 넘어 죽을 지경이었기 때문이었다. 끝까지 참고 기다리시는 예수님도 보기에 딱하셨던지 급행으로 응답하셔서 드디어 그 노총각이 총각 딱지를 떼게 되었으니, 할렐루야.

그런데 일이 그렇게 만만치만은 않았다. 이 늙은 새색시는

내 각시 나와랏!

한술 더 떠서 교회 문턱이 닳도록 드나들며 온 삭신이 다 아프니 병원비 내라는 거였다. 몇 차례 돈을 쥐여 줄 때마다 병원은 커녕 약국 문 앞도 가보지 않고 군것질로 먹어 치워버려서 밑 빠진 독에 물 붓는 짝이었다.

그래서 어느 날인가, 돈 주는 것을 그만두었더니 이젠 동네 방네 다니며 실컷 부려 먹고 돈 안 준다느니, 사기꾼이라느니 소문을 내고 다니니 기가 찰 수밖에.

그나마 장가들고 안정된 서방님은 교회출석도 잘하고 태도도 단정해져서 경마장 청소부로 들어가 열심히 일하게 되었다. 이제는 늦게 얻은 마누라 앉혀 놓고, "○○○전도사님은 내 큰 각시고 너는 내 작은 각시여……!" 한다나.

아마 그동안 베풀어 준 끈질긴 인내와 사랑을 그렇게 표현했지 싶다.

비닐과 천막으로 지어진 예수님의 작은 교회는 출석교인의 80%가 결손가정인데 행여 아버지가 있어도 실업자에 알콜중독자 아니면 정신병자가 대부분이라 한다.

햇수로 오 년 전쯤, 뜻을 같이하는 청년들이 찬양연습 장소로 허물어져 가는 비닐하우스 열 평을 얻어 정착한 것이 이젠 40여 평이 되어 예배실과 교제실, 숙소를 갖추게 된 터였다.

요즈음, 전도열이 붙은 어떤 집사님께서 두 가정을 전도했는데 한 가정은 5평 컨테이너 속에 6명의 식구가 기억상실증에 걸린 딸과 모여 산다는 거였고, 다른 한 가정은 작은아들 잃은 쇼크로 귀머거리 된 어머니와 정신병자가 된 큰아들, 그리고 알코올 중독자인 아버지가 모여 사는 가정이었다 하니 그 집사님

은 전도사님 만날 때마다

'전도사님 죄송해요, 죄송해요.' 한단다.

복음 전하는 것이 신나고 자랑스러운 일이겠지만 교회에 부담 줄게 불 보듯 뻔한 터인지라 전도사님 걱정이 앞섰던 모양이다.

간혹 성도들 중에는, 이제는 궁상맞게 살지 말고 우리도 서울에 있는 큰 교회마냥 부자 장로도 있고 그린벨트 아닌 진짜 땅, 몇만 평 터억 내놓을 부자 집사 보내 달라는 기도로 바꿔보자는, 체념 반 푸념 반 주문이 잦아졌다니 주님이 원하시는 사역을 위해서는 갈등도 큰 터였다.

비닐하우스 교회에서 네 정거장 떨어진 거리에는 요즘 신문에 톱기사를 장식하는 6일 만에 시장직에서 밀려난 김○○ 집사님의 칠백여 평 정원을 낀 우면동 저택이 있다고 했다.

그린벨트 지역 단속이 있을 때마다 동원된 포크레인은 부자나 장군들이 사는 마을 집은 담장만 시늉으로 헐어놓고 애꿎은 비닐하우스 주민들 집은 박살내어 와스스 부숴 버린다는 거였다.

우면산을 낀 열두 고을 마을은 극빈과 풍요, 권력과 무력함이 공존하는 곳이다.

무 자르듯 비리를 싹뚝 잘라 보려는 새 대통령 때문에 바짝 긴장된 공무원들이 요즘은 다른 일에 바빠서인지 최고장만 날아들 뿐 조용하니, 오히려 태풍 전야처럼 더욱 불안하다며, 그 여전도사님은 말끝을 흐렸다.

내 각시 나와랏!

내 영혼아 네가 어찌하여 낙망하며 어찌하여 내 속에서 불안
하여하는고 너는 하나님을 바라라

- 시편 42편 11절 -

＊＊

사랑의 주님, 소외되고 가난한 이웃을 위하여 이 땅에 오신 주님,
이로 인하여 우리에게 위로를 주시니 감사하나이다.
내가 가진 풍요는 이웃의 가난함을 위해 있음을 기억하게 하옵소서.
예수님의 이름으로 기도합니다. 아멘

겨울에도 나무는 자랍니다

며칠 전 형제님의 아름다운 서신을 또 받아 보았습니다. 받기만 하는 부끄러움 때문에 늘 마음이 아팠지만 분주함을 핑계로 이제야 펜을 들었습니다.

사랑이신 예수님의 은총이 없었더라면 저는 늘 죄인일 수밖에 없습니다.

형제님.

우리 예수사랑교회 가족들과 저희 내외는 형제님을 잊은 적이 없습니다. 언젠가 -되도록 빨리- 꼭 만나 뵐 날을 그리며 기도하고 있답니다. 혹시 영옥 자매의 편지를 받으셨는지요? 예수사랑교회의 주보에 대한 언급이 없으신데 매주 보내드리는 주보를 받아보고 계신지 궁금합니다. 그리고 형제님의 사랑하는 자녀들이 있다는 '강화읍의 산골 진 마을'을 찾아갈 수 있는 길을 알고 싶습니다.

다음 보내 주실 답신엔 꼭 적어 보내 주시기 바랍니다.

형제님,

형제님의 글을 받아볼 때마다 제 자신의 부족함을 돌아보게 됩니다.

또한 부자유하다는 것은 생각이 갇혀 있다는 뜻일 것입니다.

형제님의 아름답고 자유스러운 상념의 나래로 보아 형제님은 결코 갇히신 분이 아님을 저는 믿습니다.

몸은 자유롭되 비상-飛翔-의 날개 짓 없는 이……, 얼마나 많은지요.

누군가 말했던 것을 기억하고 있습니다.

나무의 나이테가 우리에게 교훈하는 것은, 겨울에도 나무는 자란다는 사실입니다. 그리고 겨울에 자란 부분일수록 훨씬 단단하다는 것입니다.

겨울이 주는 의미라는 게 아마도 뜻하지 않은 인생의 고난 같은 것이라 생각됩니다. 행여 형제님께서 겨울날을 살고 계신다 할지라도 가슴 한복판에 따뜻한 불씨를 간직할 수 있다면 형제님의 삶이 결코 동토-凍土-일 수는 없을 것입니다.

형제님.

'주간 기독교'에 실린 저의 보잘것없는 단상-斷想-을 읽으시고 편지를 주셨음에 감사드리는 한편 부끄러울 따름입니다. 그야말로 짧은 생각들의 나열이, 진정으로 글과 함께 살아가는 훌륭한 작가들에게 외려 누가 되는 것은 아닐지 늘 조바심이었는데 기쁨 가운데 저의 글을 읽어 주신다하니 잠시 위로가 되었습니다.

지난번 받은 서신에 의하면 어디에선가 교육을 받고 오신 후 '주간 기독교'를 받아 볼 수 없었다고 하셨는데 지금도 읽음의 즐거움을 누리고 계시지 못한다면 꼭 알려주시기 바랍니다. 여분으로 받은 책이 저에게 남아있기 때문이지요.

형제님.

이곳 과천은 참으로 아름다운 곳입니다.

사계절 온통 꽃이 피어있지 않는 날이 없습니다.

봄이면 민들레, 제비꽃, 꽃사과, 산당화, 냉이꽃, 진달래, 개나리……, 초여름이면 장미, 아기똥풀, 찔레, 감꽃……. 집집마다 제라늄…….

제라늄의 빨간 꽃을 혹시 알고 계시는지요.

유별나게 제라늄을 좋아하는 것은 고교 시절 읽었던 쌩떽쥐베리의 '어린 왕자'가 들려준 '창틀에 제라늄이 피어있는 집'에 대한 이야기 때문이지 싶습니다.

또 하나 요즈음의 이유로는 예수사랑교회에 피어난 두 포기의 제라늄 때문입니다.

작년에 허 집사님 내외분께서 성전에 예쁘게 놓아두라며 화분 둘에 담겨진 제라늄을 사 주셨습니다. 그런데 거의 햇볕이 들지 않는 사택 거실에서 겨울을 나는 동안 여린 잎으로 내내 몸살을 앓는 것이었습니다.

찬 기운이 지나가자 봄볕에 내놓았지만, 한동안은 가까스로 견디어내는 듯하더니, 그러기를 몇 날, 조금씩 조금씩 잎에 힘이 돋더니만 며칠 전엔 붉은 꽃망울을 수술처럼 단 꽃줄기가 뻗어 오르기 시작하는 것이었습니다. 이제는 '타오르는 붉음'이 되어 우리들의 '보는 즐거움'이 되었습니다. 밖에서 돌아온 남편은 제라늄부터 들여다봅니다. 저 또한 여름 소나기에 꽃잎이

상할까봐 조금만 날씨가 수상해도 처마 밑에 옮겨 놓곤 한답니다.

이번 주일엔 성전에 들여놓을 생각입니다. 제라늄의 주인 되신 하나님께서도 그 아름다움에 놀라실 것입니다.

꽃 이야기는 아무리 해도 지겹지가 않습니다. 요즘엔 감꽃도 피었습니다.

먹거리가 부족했던 어린 날엔 땅에 흩뿌려진 노란 감꽃을 질리도록 주워 먹던 기억이 있습니다. 실컷 먹고 나면 꽃으로 목걸이를 만들어 주렁주렁 달고 다니기도 했습니다. 요즘은 접시꽃도 꽃망울을 터뜨리고 수국도 오밀조밀 피었습니다.

이곳, 과천은 가을엔 단풍으로, 겨울엔 눈꽃으로 온통 황홀함입니다. 이렇듯 아름다운 땅에 예수사랑교회는 아주 쬐끄맣게 자리하고 있습니다. 웬만한 교회의 주일학교 어린이 숫자만큼도 안 되지만 마음은 늘 부유합니다.

주보를 받아보며 저희를 떠올려서 기도하는 가족이 무려 팔십 분이 넘기 때문이지요.

형제님.

받기만하는 욕심쟁이가 되어버린 죄스러움 때문에 이런저런 얘기가 너무 많았습니다.

몸을 가두어버린 그곳 담장을 훌쩍 뛰어넘은 사색으로 자유를 누리시는 승리가 있으시길 빕니다. 주님을 앙망하는 자는 그 청춘이 독수리의 날개 침 같을 것임을 믿습니다.

안녕히 계십시오.

1993. 6. 18.

이 글은 멀리 원주에 계신 ○○○ 형제에게 띄우는 서신입니다.
강화읍에서 교직에 있으셨던 형제님께서는 잠시 '갇힘의 고난' 속
에 살고 계십니다. 공개되는 것에 대한 이해와 용서를 구합니다.

겨울에도 나무는 자랍니다

원주에 보내는 두 번째 편지

　형제님.

　십오 척 담장의 높이를 뛰어넘을 수 있는 것은 비상-飛翔-하는 새와 한여름의 매미 소리가 아닌가 생각됩니다. 가히 결사적이라 할 만큼 집단적으로 울어대는 매미들의 합창이란게, 새처럼 특별히 목청 고운 것도 아닌데 그다지 싫지 않은 것은 아마 하나님께서 창조하신 자연의 소리이기 때문이지 싶습니다.

　형제님의 서신을 반가운 마음으로 받아 보았습니다. 날마다 주님께 성큼 다가서는 형제님의 마음을 엿볼 수 있어 참으로 기쁜 마음입니다. 며칠 전 서울에 사신다는 형수님의 전화를 받았습니다. 형제님만큼이나 마음결 고운 분인 것 같았습니다.

　형제님.

　요즈음엔 창 밖 바로 너머에서 매미 소리가 한창입니다.

　매미는 단 4주간의 삶을 살기 위해 5년 11개월을 땅속에서 징그러운(?) 애벌레로 살아야 한다고 합니다. 죽은 듯이 자신을 다스리는 길고 긴 날의 어두움 속에서 무에 그리 떨쳐 버리고 벗어 버릴 게 많은 것인지 네 번씩이나 껍질을 벗겨 내는 고통을 겪어야 합니다. 그런데 그들 중 무려 17년을 땅속에서 살아야 하는 종류도 있다고 하니 안타까움 보다는 경이로움이 오히려 앞서게 됩니다.

이렇듯 살아온 그들은, 날씨 좋은 어느 날 드디어 땅 위로 올라온다고 합니다. 하지만 매미의 인고-忍苦-는 여기에서부터 새로이 시작됩니다. 불행히 단단한 아스팔트를 만나게 되면 그들은 목숨을 걸고 뚫고 나와야 한다고 하니 작은 생명의 결사적 몸부림 앞에 오히려 숙연해집니다. 천만다행 부드러운 흙을 만나 순조롭게 나무 등걸에 올랐다 해도 이 애벌레는 또다시 껍질 벗음을 다섯 차례나 견뎌내야 합니다. 깎아내고, 벗겨 내고, 버리고, 뽑아내는 그 견딤 끝에 징그러운 모습은 어디론가 사라지고 비로소 날개가 달리는 것입니다.

그러나……, 날개가 달렸다 한들 새처럼 비상할 수 있는 것도 아닙니다.

그들은 전혀 방어할 무기 없는 비무장-非武裝-상태에서 아이들의 장난끼 어린 매미채로부터 벗어나야 하고, 유난스레 그들을 좋아하는 새들의 식욕에서 벗어나야 합니다.

더욱이 겨우 파놓은 나무 등걸의 우물을 개미는 수고 없이 빼앗기 일쑤지만 죽어서는 아낌없이 온몸을 개미들의 양식으로 바친다고 합니다. 그러나 그들은 불평하지 않고 짧은 생-生-을 굵게 살기 위하여 결사적으로 열심을 냅니다.

형제님.

작은 매미가 주는 삶의 이야기는 저로 하여금 많은 것을 생

각하게 했습니다. 이 글을 쓰는 이 시간도 매미는 자신의 존재
를 두려움 없이 드러냅니다. 적을 향하여 내두를 무기도 없이,
음률 좋은 목청도 없이, 그러나 너무도 당당하게 소리 지릅니
다. 의미 없이 길게 살려 하고, 아집의 껍질을 겹겹이 끼워 입은
채 자신을 고집하는 우리네를 향해서인 듯싶어 마음 끝이 움찔
합니다.

　형제님의 아름다운 서신에 깊이 감사드리며, 우리 내외와 예
수사랑 가족 모두 형제님을 위하여 기도하고 있음을 아울러 전
합니다.

예수님의 사랑으로 자유를 누리시는 유○○ 형제님께.

· ·

　　　사랑의 주님, 자연을 통하여 우리를 일깨우시니 감사하나이다.
　　비록 화려함이나 부유함이 짧다 하여도 주어진 모든 시간 위에
　성실함으로 임하게 하옵소서. 이로 인하여 인내로 준비하는 세월들 위해
　　오히려 감사하게 하옵소서. 예수님의 이름으로 기도합니다. 아멘

사모니임, 어여 일어나셔~

개척교회 목사님께서는 일선 부대 지휘관처럼 교회를 맘대로 떠날 수 없는데, 매일 드려야하는 새벽기도 때문이지 싶다. 그런데 부득이한 사정으로 잠시 교회를 떠나게 된 목사님을 대신하여 K사모님은 새벽기도를 인도하게 되었다.

K사모님은 날씬한 몸매에 미인형으로 겉보기엔 꽤 현대적인 면모를 풍기지만 기실은 수줍음 많고 순진하신 터여서 새벽기도를 인도하라는 명령이 떨어지자 전날 초저녁부터 가슴이 쿵덩쿵덩 뛰는 것이었다.

막 시작한 개척교회인지라 본 교회 성도는 몇 안 되지만 새벽기도 단골손님으로 다른 교회 빵빵한(?) 권사님이나 집사님들이 곧잘 참석하시기 때문이었다.

사모님의 수줍음을 잘 아실 터인 목사님께서도 이참저참 담력훈련을 시키실 요량이셨던지 성경구절 몇 구절을 요리조리 여차저차 짚어 주시고선 잘해 보라는 말 한마디 던지고 떠나신 터였다.

K사모님은 5시에 시작되는 새벽기도인데도 아예 이불 짐 싸 가지고 교회로 가서 철야하기로 작정하셨다. 행여 시간에 늦을 세라 두렵기도 하지만 아무래도 강단에서 죽 쑬 일이 걱정이었기 때문이었다.

K사모님은 아예 강단에 요 깔고 앉아 '아이고 주님, 아시잖아요, 아시잖아요.'만 부르짖을 수밖에…….

처음엔 새벽기도 걱정으로 찔끔거려지던 눈물이, 어느새 그동안 살아온 인생 여정이 TV 드라마처럼 펼쳐지면서 깊은 산골 계곡물마냥 왁자하게 쏟아지기 시작하는 거였다. 새벽기도 인도할 걱정은 저만치 가고 지금까지 살아온 것이 온통 감사뿐이었다.

하나 둘 모여드는 인기척 소리에 겨우 정신(?)을 차리신 사모님은 눈물 콧물 범벅된 얼굴을 대충 닦고서는 강단에 서셨다. 그리고선 자신도 놀랄 정도로 술술 나오는 멋진 설교를 하게 되었고, 듣고 있던 성도들은 아멘, 아멘 하는 거였다. 찬송을 불러도 신이 나고 기도를 해도 힘이 있었다. 명실공히 사모님의 첫 새벽기도는 대성공이었다.

강단에서 내려서신 사모님 손을 꼬옥 잡은 깐깐한 집사님은 "에구, 사모니임, 참말로 은혜 받았어요." 하더라나? 사모님의 기분은 시쳇말로 쌈빡한 거였다.

'햐, 이것 봐라, 나도 제법이잖아……?!' 밤새워 기도했어도 피곤하지도 않았다.

애들 챙겨 학교 보내고 온종일 흥얼흥얼 찬송이 넘쳤다.

사모님의 첫 새벽기도가 어찌 되었는지 궁금하여 은근슬쩍

전화하신 목사님께

"호호호, 걱정 마세요."하며 수화기도 힘 있게 놓은 터였다.

다음날 새벽기도를 위해 한숨 주무셨어야 될 텐데 그럭저럭 초저녁이 되고 밤이 되었다. 다시 이불 싸들고 교회로 갈까 하다가 '에이, 어제는 딱딱하고 추운 강단에서 고생했으니 잠깐이라도 따뜻하게 눈 붙이고 시간 맞춰 교회로 가지 뭐' 하는 생각이 들어 때르릉 시계를 한 시간 전으로 맞추어 놓고 푹신한 요에 피곤한 몸을 실었다.

그런데, 아차! 꿈도 안 꾸고 잘 주무시던 사모님은 어디선지 들려오는 아득한 소리에 잠이 깼다. 다름 아닌 깐깐한 집사님 목소리였다.

"사모니임, 사모니임, 일어나셔~, 어여, 일어나시엉~."

화다닥 일어나신 사모님은 옆에서 세상모르고 자고 있는 딸래미를 흔들어 댔다.

"에구야, 네가 시계 배꼽 눌렀니?"

"아이구, 요것아, 어쩌자고 눌렀어, 네가 엄마한테 그럴 수가 있니?"

잠결에 시계 배꼽 누른 애꿎은 딸 나무라랴, 옷 주섬주섬 입으랴, 머리엔 빗질도 못하고 헐레벌떡 뛰어가 강단에 서고 말았다. 앞뒤가 꽉 막혀 겨우 찬송 몇 곡 부르고는 주기도문으로 마쳐 버렸다. 어이없고 계면쩍어 울먹이고 있으려니 나이 지긋한 권사님이 등 두드리시며,

"어여, 울지 마셔, 그럴 수도 있지." 하시더라나.

이제 제법 관록이 붙으신 사모님께서 만날 때마다, 눈자위가

사모니임, 어여 일어나셔~

무르도록 웃어대며 '새벽기도 사건'을 이야기해 주시는 것은 '신
참사모' 공부시키시려는 거지 싶다.

'섰다 하는 자, 넘어질까 조심하라'는 예수님의 말씀으로.

• •

이 세상의 나무들이 서 있게 하시고 산야의 꽃들이 하늘을 향하여 피어있게
하심을 감사하나이다. 사랑의 주여, 우리 스스로 섰다하는
자만함이 우리들 마음에 있지 않게 하소서.
예수님의 이름으로 기도합니다. 아멘

아이고, 하나님
요놈의 입 단속하시고요

개척교회 사모님들이 모이면 으레 서로 주고받는 인사가 있
다.

"어떠세요……, 힘드시죠……?"

눈물 없이 못 가는 게 사모의 길이라지만 아직 사모 초년생
인 나로서는 그다지 마음에 와 닿는 질문이 아니기도 하고, 몇
가지 마음고생 했던 일들이 별거 아닌 것 같기도 해서 생글생
글 웃으며 '아 아니요, 뭐 아직은요…….' 할라치면

"개척하신 지 얼마나 되셨나?"

"채 일 년이 안 됐는데요."

그럼 그렇지, 쪼깨 더 지나봐야지, 그렇고말고 하는 눈치다.

누가 말했던가, 여성으로서 가장 모험적인 직업이 있다면 '사
모'라고……

학창시절에 난 곧잘 회장이니, 반장이니 맡아 하곤 했었는데
그럴 때마다 잘하면 본전이고 잘못하면 화살박이 과녁이 되곤

했었다.

'사모'도 마찬가지여서 완벽하게 자신을 포기하지 않으면 '은 혜스러운 사모'가 되기 어려운 터이다.

새해가 시작되는 첫날, 남편의 선배 되신 J목사님을 찾아뵈 었다.

다채로운 인생길을 걸으신 후 만학도가 되어 신학을 공부하 시던 그분은 말씀을 연구하고 가르치는데 있어서 최고로 열심 인 분이셨다.

개척하기 전에는 일주일에 두세 번 우리를 방문하셔서 우렁 차게 말씀을 전하시곤 하셨는데 그야말로 말씀 위주이신지라 창세기부터 요한계시록까지 몇 장 몇 절로 꿰뚫는 분이셨다.

그래서 J목사님 하면.

"아하, 몇 장 몇 절 목사님!"

할 정도였다.

그런 분이 서울의 아파트촌 한복판 상가에 첫 개척을 시도하 셨는데 복 받는 얘기만 좋아하는 부자들이 '몇 장 몇 절, 말씀 위주' 설교를 별로 안 좋아해서 아파트 문 꼭꼭 걸어 잠그는 바 람에 B시로 목회지를 옮기신 터였다.

제법 '반석' 교회답게 튼튼히 서가는 교회라는 소문이 자자 했던 터인지라, 목사님께서는 늘 바쁘셨고, 한동안 뵙지 못했었 다.

생각지도 않은 우리 내외의 방문에 사모님은 깜짝 반가워하 셨다.

이런저런 얘기가 오가다가 조금 야위셨다는 염려인사에 대한 대답으로 후배 사모 공부 삼아 간증(?)을 해주셨다.

끄릿끄릿한 두 아들을 둔 사모님에게는 막내딸쯤이나 될 자매가 주일학교 교사로 출석했다는데, 일꾼 하나가 금쪽같은 개척교회로서는 감사제목이어서 장학금까지 지급했다 한다.

그런데 이 자매가 최근 몇 주일을 일언반구 말도 없이 계속 빠지는 바람에 선생님 없는 아이들은 끈 떨어진 매가 되어 우왕좌왕하더라는 것이었다.

보다 못한 사모님이 한겨울에 땀을 뻘뻘 흘리시며 굳어진 뼈로 어설피 율동이며, 노래며 할라치면 재미에 민감한 요즘 아이들은

'헤잉! 재미도 하나 없네!' 하며 다른 교회 젊은 선생님 찾아가기 일쑤니 사모님 속이 탈 수밖에…….

참다못해 주일날 아침에 전화해 본즉, 젊은 여자면 '다 하는 것' 때문에 허리 아파 못 나간다는 거였다 한다.

사모님께서는 '세대차이' 생각은 미처 하시지 못하고 누구나 다하는 것 가지고 뭐 그러느냐, 그렇게 무책임할 수 있느냐, 몇 마디 막내딸 나무라듯 훈계하셨다는데 그만 시험 들어 삐뚤어진 자매가 온 가족에게 소문을 내어 언니, 엄마, 동생 찾아오던 그 가족이 줄줄이 사탕으로 안 나오더라는 것이었다.

훈계한 것을 아신 목사님은 펄펄 뛰시며 인내심 없는 사모를 나무라셨고 사모님은 억울하기도 하고, 기가 막히기도 해서 금식 삼 일 작정하고 보따리 싸서 기도원으로 가셨다 한다.

그때부터 주린 배를 움켜쥐고 물만 마시며

"아이고 하나님, 시험 들게를 마시든지, 내게 애들 녹이는 기

아이고, 하나님 요놈의 입 단속하시고요

술을 주셔서 주일학교 교사를 멋지게 해내는 재주를 주시든지 하실 일이지, 이럴 수가 있습니까?"

목이 쉬도록 부르짖으며 기도하던 끝에 삼 일째 되던 날에 바뀐 기도인즉,

"하나님, 제가 잘못했으니, 제발 그들 마음을 녹여 주시고 요놈의 입 단속하시고, 내려가자마자 잘못했다는 말이 술술 나오게 해 주소서" 하셨다나…….

교회로 돌아오자마자 그 자매 집에 찾아가 잘못했으니 마음 풀라고 하셨다 한다.

지나 놓고 보니 재미도 있다며 얘기 끝에 하하하 웃으셨다.

성도가 몇 안 되는 개척교회 목회자와 사모는 꼭 보여야 할 얼굴이 한 명만 안 보여도 예배가 끝날 때까지 마음이 달콩거려서 문밖 인기척에 온 신경이 곤두선다.

모두가 한자리에 모이면 그저 마음이 흐뭇하고 즐거운 것은 꼭 숫자 귀중해서만이 아닌, 마음 속 깊은 곳에 더 큰 이유가 있다.

주님만이 아시는……!

• •

사랑의 주님, 이 세상의 상처받은 이들을 위하여 기도합니다.
그들 위에 주님의 위로가 머무르게 하옵소서.
예수님의 이름으로 기도합니다. 아멘

차근차근 응답하시네요

방이 두 개 있는 집에서 사는 것이 소원인 개척교회 사모님
이 계셨다. 큰딸 아이가 초등학교에 다닐 적만 해도 어우렁더우
렁 별문제가 아니었는데 이제 중학생이 되어 앞가슴이 제법 봉
곳해지니 아래 사내동생이 거슬리기도 하고 혼자 있는 시간을
가져 보고도 싶었던지 부쩍 투정이 심해졌다는 이유 외에도,
남편이 공부하던 십여 년의 서울생활 중 부엌도 제대로 갖추어
지지 않은 주거생활이라는 게 주부로서는 여간 큰 고통이 아니
어서, 소원이라는 표현에 조금도 지나침이 없는 터였다.

금년 봄, 그분과 만났을 때 사춘기에 접어든 어린 딸 때문에
방이 둘 있는 집을 위해서 기도한다며 빙그레 웃으셨다.
그런데 하나님께서는 방에는 관심도 없으신지 아들아이 심
장수술부터 강행하셨다.
태어나면서부터 심장구조에 결함이 있어 늘 입술이 파랗고
숨을 헐떡이는 아이. 소풍날마다 반 친구들이 재잘대며 집 앞

으로 소풍 길을 나설 때 담벼락에 기대어 숨어서 지켜보던 아이.

그런 아들을 지켜보며 뼈가 녹는 아픔을 삭여야 했던 부모 마음을 주님은 아셨는지, 심장병 어린이를 돕는 단체와 연결해 주셔서 금년 봄 수술을 하게 하셨다.

보통 심장병보다 의학적으로 매우 특수한 경우인데다 수술 비용이 어마어마해서 자신의 생명을 온전히 주께 맡긴 채, 하루하루 기적적으로 살아가는 아이를 주님은 기억하신 거였다.

열 시간이 넘는 수술시간 후에도 깨어나지 않는 아이를 육중하게 닫힌 수술실 문 앞에서 기다리며 몸부림치던 그분의 손을 잡고 하룻밤을 기도로 지새우던 기억이 새로운데, 이제는 무척 건강해져서 제법 사내아이 틀이 잡혀가고 있다고 했다.

며칠 전 즐거운 소식이 들려왔다.

드디어 방이 둘 있고 주방도 있는 집으로 이사하게 되었다는 거였다. 아이의 수술소식과 함께 그동안 어려웠던 사정이 알려지게 되어 학교 전체 차원에서 성금이 모아지고 각계에서 돕는 손길이 밀려와 생각지도 않은 거금(?)이 모아져 이사하게 된 것이었다.

우리는 늘 조급하고 분주하다. 기도하고 난 후 빨리 응답이 없다는 이유로 주님을 원망하기도 하고 때로는 포기하기도 한다. 하지만 주님은 우리의 짧은 기도까지도 모두 기억하시며 완벽한 계획 아래 질서 있게 응답하신다.

우리의 필요를 우리 자신보다 오히려 더 잘 알고 계시는 주님의 사랑을 무슨 말로 어찌 표현해야 할지…….

인내를 온전히 이루라 이는 너희로 온전하고 구비하여 조금도
부족함이 없게 하려 함이라

- 야고보서 1장 4절 -

차근차근 응답하시네요

행복하여라, 예진이 아빠여!

　며칠 전엔 예진이가 이 세상에 태어난 지 백일 되는 날이었다. 예진이란 이름은 '예수님의 진리 등대'에서 첫 글자를 따서 지어 준 이름인데, 이름 못지않게 그 모습이 화안하고 예뻐서 은빛 날개만 달면 천사도 흠모할 만한 모습이었다. 늘 맘속에 예진이를 향한 애정이 샘솟는 데는 그 이름을 직접 지어 선사한 이유도 있겠지만, 그만한 다른 이유가 또 있다.

　작년, 가을빛으로 물들어가던 9월 막바지엔 예진이의 엄마와 아빠는 수줍은 새신랑 새신부였다. 다른 신랑들처럼 벙글벙글 씩씩하지는 않았지만, 무척 긴장되고 행복한 모습이었다. 그도 그럴 것이 웨딩드레스 곱게 차려입은 신부를 볼 수 없는 눈, 앞을 볼 수 없는 눈을 가진 탓이었다.

　그동안 기도로 결혼을 준비하던 과정을 낱낱이 보아온 터라 그분의 결혼식은 나에게 커다란 기쁨과 감동으로 다가왔었다.

　역시 앞을 못 보시는 홀로 되신 어머님은 우리 내외를 만날 때마다 깜짝이나 반가워 손을 꼬옥 잡고서는 "에구, 우리 성근

이 결혼허야는디, 우리 하나님, 우리 하나님이 해 주실거여." 하시면서도 내심 불안하신 듯

"에이그, 까압깝헌디, 깝깝헌디……." 하시는 거였다.

앞을 못 보셔서 답답하신 게 아니라 아들 하나 있는 게 총각으로 늙을까 사뭇 걱정이신 터였다.

"어머니, 걱정 마세요, 저렇게 착한 아들 하나님이 그저 총각으로 평생 살게 하시겠어요, 조금만 기다리세요, 알토란같은 손주 보실 테니……."

말의 씨가 자라 싹이 난다더니 남편이 시켓말로 중신애비가 되어, 성품이 착하고 바지런한 신부와 드디어 결혼식을 올리던 날, 그분의 심정이 되어 몇 날 밤새워 쓴 헌시를 남편이 낭송하였다.

신부도 울고 신랑도 울고, 하객도 눈시울을 적셨다.

내 곁에 걸어주오.
그 많은 날들의 하나
세상이 온통 어둠이던 나에게 큰 빛으로 다가온 그대
내 곁에 오던 날

서늘한 사과로 마른 목축이고
홀로 연습해 온 노래, 부르렵니다.

한숨 섞인 그리움으로 보고파하던 가을 하늘도
이젠

행복하여라, 예진이 아빠여!

내 안에 디려놓았습니다.

푸르르게 높음은 그대 웃음소리
스치는 바람결은 그대 걷는 소리임이 분명합니다.

그 많은 날들의 하나로
은총이 가득하던 날

향그런 포도주로 힘을 돋구어
가슴속 쌓아둔 이야기
함성으로 노래 부르렵니다.

내 눈엔 안 보이던 빛이
내 귀엔 안 들리던 소리가
더 큰 빛으로
더 큰 소리로 다가올 때
너무 높아 안 보이던 산봉우리도
이젠
내 안에 그득해졌습니다.
봉우리 두른 구름은 그대의 손길
그 안에 핀 들국화는 그대의 인내임이 분명합니다.

이제
어둠보다 더 어둡던 휘장을 열고

내가 가야 할 길 바라보겠습니다.
홀로 가기엔 분명 먼 길이어서
그대 내 곁에 걸어줄 것임을 기도합니다.

어둠을 어둠이라 부르지 않고
오히려 빛을 가져온 은총이라 이름 지어 부르겠습니다.

그 많은 날들의 하나로
사랑이 가득하던 날
송이째 딴 꿀로 가슴 뎁히어
몰래 간직해온 노래 찬양으로 부르렵니다.

그대 내 곁에 걸어주오.
그대 내 곁에 걸어주오.

진심으로 하나님 나라 가는 그날까지 신부가 신랑 곁에서 걸어 주기를 바라는 마음이었다.

비록 우리가 볼 수 있는 것을 보지 못하나 우리가 볼 수 없는 것을 볼 수 있는 그분, 이제는 예진이 아빠가 된 홍 전도사님 곁에는, 어디를 가든지 팔짱을 꼬옥꼭 끼고 명랑함을 잃지 않는 아내와 예수님의 진리 등대 되어 아빠를 비춰 줄 예쁜 딸, 예진이가 있으니…….
행복하여라, 예진이 아빠여!

행복하여라, 예진이 아빠여!

사랑의 주님, 이 땅 위의 앞 못 보는 이를 위하여 기도합니다.
그들 위에 벗으로 오신 예수님의 참 빛이 비추이게 하옵소서.
그로 인하여 이 세상에서 보이는 것보다는 보이지 않는 것 가운데
더욱 소중한 것 있음을 알게 하옵소서.
예수님의 이름으로 기도합니다. 아멘

안개비 내리던 날

장○○ 아저씨는 40여 세 남짓 된 총각이었다. 일 미터도 채 안 되는 키였지만 얼굴엔 70세 노인만큼이나 주름살이 많았다. 부기가 오른 작고 오동통한 손 역시 유치원 아이의 손 크기만 하였으나 주름살투성이 이긴 마찬가지였다.

그의 머릿속엔 늘 왕비듬이 끼어 있었고, 몇 가닥 남지 않은 부시시한 머리칼이, 몸집에 비해 훨씬 큰 그의 둥그런 머리 위에 몇 가닥 놓여 있을 뿐이었다.

특별히 그의 모습에서 화사한 것이 있다면 늘 깨끗이 닦여진 하얀 운동화이다.

유독 쬐끄만 발에 신겨진 작고 흰 운동화는 깡똥하게 올라 붙은 바지자락 밑으로 놓여 있었는데 꺼칠한 그의 피부색이나 주글주글한 그의 행색과는 도무지 어울리려 들지 않는듯하여 야릇한 슬픔을 던져 주고 있었다.

하긴 땅 닿을 일이 없는 그의 신발이라는 게 일 년 열두 달을 신어도 밑바닥 깨끗하긴 마찬가지겠지만······.

혼자서는 제대로 앉을 수도, 걸을 수도 없어서 유치원 아이들의 의자보다 더 작은 의자에 동그마니 앉아, 누군가 옮겨 주기 전에는, 책상머리 못난이 인형처럼 오롯이 앉아 지내야만 했다.

온몸의 근육이 와르르 무너지듯 급속히 노쇠해지는 그 병은 시간의 흐름을 이십여 년쯤 앞서게 하여 그를 괴롭히고 있었다.

그런데 나의 마음을 유난히 끌어당겼던 것은 그의 함지박 같은 웃음이었다.

주름투성이의 작은 손을 잡을라치면 이 세상에서 가장 행복한 웃음으로 헤벌쭉 웃는 거였다.

한세상 살면서 가장 큰 소원이 빨리 죽는 것인 그에게는 어울리지도 않을뿐더러 생긴 모양에는 더더욱 걸맞지 않는 천진스러운 웃음이었다.

바로 그런 그가 평생소원을 이룬 그날은 며칠 전이었다.

가을의 시작부터 높푸르던 하늘빛이 그 전날부터는 왠지 흐려 있더니 그날엔 비까지 왔었다.

안개비처럼 흐르듯 내린 비는 대충 치르는 장례식을 더욱 황량하게 만들었다.

그는 무엇을 생각하며 눈을 감았을까…….

기도할 때마다 입술을 우물거리던 그가 주님께 드린 기도는 무엇이었을까…….

그는 이 세상의 화려함과 번잡함과 쾌락을 어떻게 이해하고 있었을까…….

며칠 전 아름다운 땅으로 기억되는 가평에서, 야시장을 연

장애인들을 구타한 사건이 있었다. 물론 법을 어겨가며 상행위를 한 그들에게도 문제는 있었겠지만, 맑은 물을 더럽히며 줄줄이 늘어선 불법 호화별장들에 대한 묵인은, 구타한 그들에게 어떤 변명의 여지도 주지 못할 것 같다.

누구보다도 순수하고 사랑에 민감한 장애인들을 향해 우리는 겸허한 사랑을 베풀 일이다.

· ·

사랑의 주님, 이 세상에서 장애의 설움을 인내하며 살다가 주님 품으로
안긴 영혼들을 보살펴 주옵소서. 또한, 육신이 건강한 우리로 하여금
장애로 인한 외로움의 빈자리를 겸허한 사랑으로 채워 주는
도구 되게 하옵소서. 예수님의 이름으로 기도합니다. 아멘

신 할아버지의 가출

　여든셋 되신 '신○○'할아버지께서 가출을 하셨다. 교회는 초비상이 걸렸고, 졸이는 마음으로 찾아 나선 끝에 의정부의 어떤 부랑인 수용소에 계신 할아버지를 모셔올 수 있었다. 할아버지 주머니엔 날깃날깃 접혀진 지폐 삼천 원이 들어있었다고 한다. 요즈음 부쩍 노인성 치매 현상이 심각해졌던 할아버지는 주소도 이름도 좀처럼 기억을 못 하시더라는 것이었다.

　마침 수련회 기간이어서 가슴에 달아 드린 커다란 이름표가 유일하게 할아버지임을 증거 할 뿐…….

　'신○○'할아버지는 통 말이 없으신 분이시다. 하지만 예배시간만큼은 조는 일 없이 설교에 귀를 기울이시고 이가 다 빠져버려 헛바람 샐망정 열심히 찬송을 따라부르기도 하셨다.

　작년에 할머니를 먼저 하늘나라에 보내신 후 왠지 쓸쓸해 보이시는지라 난 뵈올 때마다 손을 꼭 잡고 '평안하시냐'고 인사하는 걸 잊지 않았었다. 그럴 때마다 틀니도 없이 홀쭉해진 입을 벙긋 벌린 채 고개를 끄덕이시곤 했었는데…….

결코 평안하지만은 않으셨던지 훌쩍 떠나신 거였다.

할아버지께서 무작정 의정부를 향하신 데는 숨겨져 있던 사연이 있었다. 기운깨나 쓸 젊은 나이에 할아버지는 작년에 돌아가신 정○○할머니를 의정부의 어느 '니나노' 집에서 만났다고 한다. 유난스레 노랫가락이 구성지고 젓가락 장단이 신바람 났던 니나노집 아가씨는 이미 아들 하나를 둔 '신○○'청년을 매혹(?)시켰고 이런저런 사연 끝에 작은집 살림을 차려 또 하나 아들을 두고 말았다. 그 후로 의정부를 떠나 오랜 세월을 평택에서 사셨다.

나중에 둔 금쪽같은 아들은 어느새 장성하여 장가도 들었고 알토란같이 여문 손주도 안겨 드렸다. 그렁저렁 밭농사 지으며 한세월 사시던 터에 예수님도 믿게 되었다.

유달리 대가 쎘던 정○○할머니는 동네에서 똑순이 할머니로 이름을 날렸다. 외가천리에 교회가 있었던 초기에는 '병신들 집단'이 왜 이 동네에 들어 오냐며 호통을 쳐댔고, 초저녁이면 동네 앞터에 나와 앉아 예수사랑 전하는 남편에게 '허우대는 멀쩡해 가지고 뭘 못해서 예수에 미쳤냐'며 전도사 공격하기에 재미를 붙이실 정도였다. 그런 꼴통 할머니가 드디어 전도사님의 회유(?)에 슬쩍 쿵 넘어가더니만 할아버지까지 전도하여 주일예배에 빠지는 법이 없으신 터였다.

느지막이 예수님의 사랑을 깨달은 할머니께서는 이웃집 새댁을 전도하기에 이르렀고 늘 머릿속이 뗑뗑한 새댁을 꼼꼼히 챙겨 예배에 참석시키는 걸 잊지 않으셨다.

신 할아버지의 가출

가을걷이가 끝나고 나면 고추랑 호박이랑 다몰다몰 챙겨주
셨고, 찰밥을 넉넉히 쪄놓고는 우리 내외를 초대하기도 하셨다.

할아버지, 할머니 내외분이 사시는 모습이 참으로 좋아 보였
었는데 그만 할머니께서 갑자기 돌아가신 거였다. 그 후 월세방
한 칸 서울 생활에 바쁜 아들은 혼자되신 할아버지를 사정상
모실 수 없어 교회에서 돌보아 드리게 된 터였다.

돌아가신 할머니나, 찾아오지 않는 아들을 도무지 그리워하
는 눈치를 보이지 않던 할아버지께서 어느 날 의정부행을 결심
하시기까지 어떤 생각을 품고 계셨던 것일까…….

너무나 오랜 세월이 지나 버려 이름조차 기억 못하는 처음
아들을 그리며, 오십여 년 전 살던 의정부의 이름 모를 동네를
찾아 나선 할아버지…….

옛 모습을 잃어버린 번화한 거리에서 혼란에 빠지셨을 할아
버지를 생각하면 아직도 가슴이 저미어 온다.

· ·

사랑의 주님, 이 세상의 모든 방황하는 영혼들을 위하여 기도합니다.
참으로 길이요, 진리요, 생명 되신 주님으로 인하여 방황의 걸음을
멈추게 하옵소서. 이 세상에 만연된 절망과 그리움과 고통을
해결해 주실 이는 오직 주님, 당신뿐임을 그들이 기억하게 하옵소서.
예수님의 이름으로 기도합니다. 아멘

요즘아이들

교회에서 봄 소풍을 갔을 때의 일이다. 한창 신 나는 열기가 오를 즈음, 정애순 할머니의-지금은 고인이 되셨지만- 노래 차례가 되었다.

"건드리면 토옥하고 터질 것만 같은 그대~ 봉선화라 부우르리~."

갑자기 터져 나온 '봉선화 연정'에 모두들 "히약!"하고 놀랐다. 곧이어 웃음바다가 되었는데 평소 장난깨나 좋아하는 남편의 앙코르로 다음 뽕짝, '소양강 처녀'가 흐드러지게 이어졌다.

주변의 구경꾼들도 따라 웃었고, 오랜만에 청중 앞에서 부르는 뽕짝 멜로디에 정애순 할머니는 눈까지 스르르 감고 열창하셨다. 하긴 신앙생활 얼마 안 된 할머니 머릿속엔 찬송가 한 곡 오롯이 외어 부르기란 쉽지 않을 터이고 더욱이 글을 모르시니 편법이 나올 수밖에 없을 터였다.

가끔 교회 야외소풍을 나가게 되어 노래순서가 돌아오면 우리는 예외 없이 찬송가나 복음성가를 부르는 것이 정석으로 되어 있다. 그래야 은혜스럽기도 하고 자연스럽기도 한 터이다.

그런데 이상하게도 가끔 아주 가끔, 소위 우리가 이름 하여 부르는 세상노래가 듣고 싶고 부르고 싶어질 때가 있다.

여학교시절 즐겨 부르던 양희은의 '아침이슬'이나 박인희의 '모닥불', 윤형주의 '어제 내린 비', 김세환의 '우리들의 이야기' 같은…….

하지만 신앙생활을 해오는 가운데, 찬송가나 복음성가가 우리들 노래의 전부가 되어 버린 터라 오히려 생소한 가락이 되었지만, 밀린 빨래 말끔히 해치우고 한가로이 커피 한 잔 마시는 오후쯤이면 그리운 가락으로 다가오는 것은 아직도 사모로서 여물지 못해서일까…….

노래 얘기가 나와서 말인데 요즘 유행하는 노래를 들으면 심한 세대 차이를 느끼게 된다. 두 번씩이나 한강에서 자살을 시도했다는 청소년의 우상 현진영은 '흐린 기억 속의 그대'를 몸부림치며 부르고, 서태지와 아이들은 두런두런 입속말로 '환상 속의 그대'를 부른다.

어린 나이에 얼마나 많고 쓴 이별을 경험했는지, 만나자 곧 '예감한 이별'을 부르고 수많은 '이별 연습'을 되풀이한다.

안개처럼 가물가물한 환상을 헤매며 울부짖듯 몸부림치는 젊은 가수들의 모습에서 오히려 처연한 절망을 느끼게 되는 것은 단지 수구파가 되어버린 세대차이 탓만은 아닌 듯하다.

요즘 청소년들이 '문젯거리'라고들 한다.

하지만 요즘 아이들 속에는 우리가 갖지 못한 재치와 자유로운 적극성이 있다. 그들 마음속에 예수님의 사랑을 넣어 줄 수만 있다면, 그 열정으로 더 훌륭하게 주님께서 원하시는 삶을 살게 될 것이다. 그러면 '환상'이 아닌 '현실' 속에서 '이별'이 아닌 진실한 '만남'으로 어른이 되어 가리라.

··

사랑의 주님. 진정으로 가야 할 바를 알지 못하는 청소년을 위해 기도합니다.
그들의 젊음 위에 주님의 은총이 임하게 하옵소서.
예수님의 이름으로 기도합니다.

요즘아이들

사모님, 나 이뻐용?

"사모니임, 이쁘죠옹……? 나, 이뻐용?" 우리 교회 패션모델인 수진 엄마가 유행이 한참 지난 핑크빛 한복을 차려입고 약간 코 먹은 소리로 내 대답을 다그치는 날이면, 틀림없이 그날은 특별찬양 순서가 돌아온 날이다.

저녁 설거지를 날째게 마치고 물행주에 손을 써억썩 닦고 난 뒤 입술연지 쓱쓱 문질러 바르고 나서 매화꽃 수가 현란한 분홍색 한복이나, 누군지 남세스러워 차마 못 입고 보내준 듯한 웨딩드레스 같은 블라우스를 챙겨 입고 나서는 바람에, 한바탕 모두를 웃게 한 뒤 명실공히 '모델'이라는 별명을 얻은 터였다.

기다리던 특별찬양 순서가 돌아오면 그전의 너스레는 온데간데 없어지고 새악시처럼 수줍게 앞에 나가 선다.

도무지 글을 못 읽는 수진 엄마는 그저 진지한 얼굴로 입술만 달싹거릴 뿐이다. 그 옆엔, 어디서 배웠는지 비행기만 지나가면 거수경례를 확실하게 부치는 종환이가 미소를 띠우며 서 있다. 글 못 읽는 것은 마찬가지여서 그저 서 있는 것이 찬양이지만 난 글 모르니 안하겠다는 얘긴 도무지 해본 적이 없다.

종환이 누님 순희 자매는 겨울 삭풍처럼 쎈 시집살이에 주눅이 들어 고운 얼굴에 수심이 가득한데 시숙의 매질에서 벗어나 이젠 좀 화사해졌다.

열심은 다하지만, 여전히 발성연습일 뿐이다. 말할 때나, 대답할 때 두 박자쯤 못 갖춘마디로 시작하는 철중이 곁에는 배가 남산만 했다가 요즘은 다이어트 효과로 쬐끔 날씬해진 종만이 형제가 찬송가책만 펼쳐들고 서 있지만, 여전히 자기 차례에 대해 사양해 본 일이 없다.

철중이 단짝인 미영이는 삼십오 인치를 웃도는 허리사이즈 못지않게 앞으로 내민 배를 출렁이며 '허허허' 웃어 대는데, 다름 아닌 철중이의 엉터리 찬양을 비웃는 폼임에 틀림없다.

그래도 온전히 따라 부르는 이는 허벅지만 남은 다리로 경중경중 걸어 나와 열심히 찬양하는 보일러 할아버지와 장가들고 원숙해진 이광희 집사님, 날 때부터 소경 된 47세 노총각 오영훈 아저씨이다.

박자는 제각각이어서 6/8, 3/4, 4/4, 2/4박자로 다양하고, 높낮이는 각자 편한 대로이지만 자세만은 진지하다. 맨날 보는 얼굴이 그 얼굴이지만 그날만은 리사이틀 기다리는 가수만큼이나 기대가 크다.

세상에는 아름다운 목소리와 잘 다듬어진 발성으로 찬양하는 성악가나 합창단이 참으로 많다. 파이프 오르간의 장중한 선율 속에서 카랴얀 같은 지휘자의 세련된 손놀림에 맞추어 일사불란하게 드려지는 찬양을 듣노라면 천상의 소리 가운데로 빨려 들어가는 듯한 깊은 감동이 있다.

하지만 우리 교회의 특별찬양은 품위도 아름다움도 없다. 어찌 보면 코메디 단막극 같기도 하다.

하지만 하늘나라 계신 예수님께서 음악회 구경 나오신다면 어느 쪽을 먼저 가실까……?

• •

사랑의 주님, 이 세상의 모든 것들이 우리가 소원하는 만큼
완벽하지 않음으로 인하여 감사합니다.
우리의 불완전 위에 주님의 사랑이 더하여질 때 완전하여짐으로 인하여
또한 감사드립니다. 사랑의 주님, 겉으로 보기에 부족하지만
참으로 심령이 아름다운 장애인들 위에 주님의 보살핌이 함께 하옵소서.
예수님의 이름으로 기도합니다. 아멘

한입이

이름이 '한입'이란 강아지가 있었다.

좀 잔인한 얘기인지 모르겠지만, 보신탕 좋아하는 이에게는 한입 먹을 정도밖에 안 된다 하여, 익살맞은 첫 주인으로부터 지어 받은 이름이었다.

치와와 종류인데 썩 내놓을 만한 족보는 아니어서 그랬는지 볼품없이 마른 데다 겅중겅중 뛰는게 캥거루 새끼 같아 좀처럼 귀여운 맛이 없는 강아지였다.

이 한입이가 너무 사람을 밝히는게 오히려 화근이 되어 급기야는 첫 주인으로부터 소박맞게 되었고, 우리가 두 번째 주인이 될 뻔 했지만, 애완견 한 마리 제대로 거두는데 드는 시간과 노력을 익히 들어 아는지라 강아지 좋아하는 학생 아이의 집으로 선심 쓰는 척 보내 주었다.

그런데 오래지 않아 한입이의 무모한 행동에 대한 보고가 잇달았고 그것은 되돌려 주겠다는 은근한 협조요청으로 발전하더니 나중에는 제발 데려가 달라는 애원조가 되었다. 그도 그릴 것이 사과 궤짝만 한 제집만 빼고는 온 집안이 화장실이 되어 주인어른 침대에 '응가'에 '쉬' 하기가 일쑤였으니 쫓겨날 수밖에…….

연구 끝에 '낑낑', '끄응끙' 하는 한입이를 봉고차에 싣고 교회로 데려왔다. 적당히 크면 보신탕감이 될, 순수 한국산 토종개를 좋아하는 식구들에겐 한입이는 오히려 이상한 강아지였다.

오돌오돌 떨고 있는 모습이 측은하여 처음으로 한입이의 눈을 자세히 보았더니 사슴처럼 맑고 예쁜 거였다.

"요놈에게도 예쁜 구석이 있었네?"

우루루 몰려온 식구들.

"햐이! 전도사님이 강아지 가져오셨네! 이름이 뭐대요?"

"한입이란다."

"한입? 헤헤, 우습다."

"그래 봬도 똥강아지 값 열 마리 폭이래."

말할 때나 찬송 부를 때 두 박자쯤 못갖춘마디로 시작하는 철중이가 제법 아는 체한다. 먹는 거라면 무조건 좋아해서 배가 남산만 한 종만이 아저씨가 같은 방 식구 약을 몽땅 먹어 치워 약에 취한 얼굴로 한마디 거든다.

"사모님, 이거 비싼 개지요?"

옆에 서 있던 다원이 아빠,

"어이! 불에 꼬실리지 마."

아무래도 아저씨의 식욕이 걱정되나 부다.

모여든 식구들 모두 만져 보고, 때려 보고, 얼러 보고 야단들이다.

그때 양다리가 없어 휠체어를 타시는 할아버지께서 한입이를 번쩍 안으시더니

"요 녀석, 내 식구 만들란다" 하시는 것이었다.

눈치 빠른 한입이는 낯선 얼굴들 틈에서 재빨리 할아버지의 고운 심성을 알아챘는지 품으로 꼭 안겨 제법 애교를 부렸다.

이제 '한입'이는 '해피'가 되었다.

할아버지가 새로 지어준 십구 세기 식 흔한 이름이다.

휠체어를 타지 않으실 때는, 두 손과 잘려나간 양 무릎을 의지 삼아 겅중겅중 기어가시는 할아버지 옆에 오늘도 '한입'이 아닌 '해피'는 깡충깡충 잘도 뛰어다닌다.

외로운 할아버지와 장애를 딛고 사는 우리 형제자매들에게 웃음과 기쁨을 줄 뿐 아니라 아낌없이 쏟아 붓는 정을 한 몸에 누리는…….

말 그대로 행복한 '해피'가 되었다.

. .

한입이

산제사

내가 사랑하는 사모님이 한 분 계신다.

멀리 계셔서 자주 만나 뵙지는 못하지만 분주한 가운데 유달리 마음이 한가롭거나 울적해지면 문득 서로를 생각해내고는 전화를 걸어 이런저런 얘기로 꽃을 피운다.

대개는 지난 날의 어려움 중에 서로에게 감사할 추억거리를 떠올리기도 하고, 새로운 가족이 된 새 신자 자랑이 대부분인데 목회 연륜이 훨씬 선배이신 사모님으로부터는 가끔 한바탕 웃을 얘깃거리며 가슴 찡한 얘기가 새록새록 넘친다.

몇 해 전 그분은 서울 생활을 마치고 J시로 내려가셔서 새롭게 개척을 하셨다. 지금은 교회가족이 제법 늘어나고 틀이 잡혀 화기애애하지만, 처음 몇 달간은 덩그마한 예배실이 마음에 걸려, 우리 내외는 새벽 채비를 하여 고속도로를 씽씽 달려가서 예배를 함께 드리곤 했었다.

그 때 그 시절, 천하보다도 귀한 영혼을 가지신 어떤 아주머님 한 분만이 전도사님 가족과-지금은 목사님이지만- 우리 내외를 제외한 유일한 성도이셨다.

　일찍부터 오셔서 자리 잡으신 그분은, 오십 대 후반의 연세에 걸맞지 않은 유달리 큰 스테인리스 십자가 귀걸이를 달고 다니셨는데 답이 없는 질문이 퍽 많았던 것으로 기억된다.

　그래도 십 원짜리 몇 개를 정성스레 봉투에 넣어 헌금하는 모습이 너무도 귀해서 목사님 내외는 따끈한 차를 대접하며 예수님의 사랑과 관심을 쏟아 부었다.

　그런데 얼마 후 웃을 수도 울 수도 없는 일이 생겼다.

　새벽기도를 위해 교회에 가신 목사님의 눈에 신음하며 웅크린 채 교회 문 앞에 쓰러진 그 아주머니가 발견되었다. 가슴이 철커덕 내려앉으신 목사님께서는 들쳐 업고 병원으로 뛰셨는데 그 길에 얼마나 많은 생각과 절절한 기도가 오가셨을까······.

　뭔가 주님 위해 일해 보겠다고 단단결심으로 개척했는데 얼마 안 돼 교회 앞에서 하나뿐인 성도가 자살이라니······. 땀을 뻘뻘 흘리며 인근 대학병원에 입원시켜 놓고 꿀꺽 삼킨 쥐약을 세척하느라 한바탕 몸살을 치르고 나니, 슬며시 눈 비비고 일어난 그 아주머니께서 이웃환자가 다 들리도록 당당하게 하신 말씀이신즉,

　'목사님이 우리 몸을 산제사로 드리라고 혀서 몽땅 이 몸을 바쳤응께······.'

　에이쿠나, 저런! 지난주 설교가 로마서 12장 1절인 것을······. 가방끈 짧으신 데다 정신도 가끔 오락가락하시던 그분이 산제

사가 품은 영적 예배의 의미를 이해하시기엔 좀 무리였을 터였다. 모든 일이 다 잘 마무리 된 후 목사님께서는 너털웃음으로 용서하셨고, 그 후로 교회는 끊임없이 성장해오는 터이다.

유난히 얼굴이 고운 만큼 마음씨도 아름다운 사모님은 오늘도 한쪽에 의수를 낀 목사님의 곁에서 든든한 팔이 되어 목회의 애환을 함께 나누신다. 그분을 만나 뵐 때마다 이야기로 시간 가는 줄 모르는 것은 그분 안에 담긴, 많고 많은 주님 사랑 얘기 때문이리라.

· ·

사랑의 주님, 주님의 사역을 위하여 이름도 없이 빛도 없이 수고하시는 농어촌 목회자들을 위해 기도합니다. 주님께서 사랑하시는 그들 위에 은총이 넘치게 하옵소서. 예수님의 이름으로 기도 드립니다. 아멘

어떤 전도사님의 죽음

S전도사님께서는 이 세상의 슬픔을 떨쳐 버리고 하늘나라로 가셨다. 처음 뵈었을 때의 그분은, 깔끔하고 귀티 나는 모습을 하고 있었고 겉모습만큼이나 마음씨 또한 정직하고 선하신 분이었다. 그런데 웬일인지 그분은 결혼한 지 얼마 안 되어서부터 원인을 알 수 없는 병으로 오랫동안 고생하셨다. 온몸이 붓고 다리에 고름이 생기는 특이한 증상이어서 의사들도 속수무책이었지만 주님의 일에 대한 열정은 특별하신 터였다.

그러나 믿음이 없고 직장생활에 분주한 사모님은 이러한 전도사님의 열심을 이해하지 못한 데다 긴 병에 열녀 없다는 옛말대로 수년간을 병으로 지내는 남편이 힘겹기도 하고 목회까지 해야 하는 중압감을 견딜 수 없었던 터였다.

이 년 전 여름에 그분의 필리핀 유학을 앞두고 영어를 가르친 적이 있었다. 그분은 부족한 내 강의에도 열심을 다하셨고 쉬는 시간엔 주님사랑 얘기로 끝 간 데가 없었다. 그즈음 주님은 그분을 깨끗이 치료해 주셨고, 건강을 주신 주님께 감사드리며 열심히 일할 것을 다짐하셨다.

중·고등부 학생들을 향해 퍼붓는 그분의 사랑으로 집안은 늘 시끌벅적해지기 일쑤였고, 급기야 사모님의 골칫거리(?)가 되고 말았다.

시간이 흐르면서 그분의 열정은 점차 좌절되고 병세 또한 되살아났다. 힘겨워하던 사모님은 직장일을 이유로 귀가시간이 늦어지고 가끔 술도 한 잔씩 하는 눈치였다.

혼자서는 물 한 잔도 제대로 마실 수 없는 상황에서도 그분은 어쩔 수 없이 혼자였고 밤늦게까지 돌아오지 않는 아내를 기다리기만 할 뿐이었다. 그러나 늦게 귀가한 아내는 냉정하게 각 방으로 돌아갔고 아침이면 헤어지자는 말 한마디를 던져 놓은 채 출근해버렸다. 빵과 주스로만 지내면서도 마음에만 품고 계셨으니 주위의 누구도 알 턱이 없었다. 단지 특별히 가까웠던 우리에게만 사모님의 행동을 조심스레 이야기하셨고 자신이 어찌해야 할지를 물어오셨다.

우리 내외는 헌신을 요구하는 주님의 부르심일 거라고 용기를 주곤 했다. 그러나 사모님은 막무가내여서 결국은 예수를 택할 것인지, 자신을 택할 것인지의 대답을 종용했고 목회를 버리면 헤어지지 않겠다는 조건까지 제시하기에 이르렀다.

그분은 단 한마디도 아내를 원망하지 않은 채 추운 어느 겨울날, 가슴을 저미는 고통으로 사모님께 날개를 달아 드렸다. 인간적 사랑의 한계에서도, 그분의 사랑이 사랑을 낳고 있었다.

그날 이후로 그분의 더 큰 아픔이 시작되었다. 육신의 고통은 아무것도 아니었다. 마음의 고통, 그것은 견디기 어려운 그리움이었다. 돌아오려 하지 않는 아내를 그분은 기다리고 기다렸다. 기다림에 지친 그분은 심한 호흡장애에 시달리다가 급기야는 누님 집에서 숨을 거두셨다.

내가 죽어야 나의 아내는 예수님 사랑을 알 거라는 말을 남긴 채……

이제 그분은 이 세상에 계시지 않는다. 무덤도 없다. 앞 못 보는 이에게 광명을, 자신과 같이 알 수 없는 병으로 고통받는 이에게 생명을 주기 위해 자신의 몸을 실험도구로 바쳤기 때문이다.

미움을 사랑으로 이기신 분, 정직과 배려로 이 세상을 살다 가신 분, S전도사님은 오늘도 하나님 나라에서 못다 한 일로 분주하실 터이다.

· ·

사랑의 주님, 우리로 하여금 수만 년 살 수 있는 것처럼 자만하지
말게 하소서. 주님께서 생명주시지 아니하면 아무 일도 할 수 없음을
고백하나이다. 이로 인하여 주님의 나라를 위해 헌신하게 하옵소서.
예수님의 이름으로 기도합니다. 아멘

외모가 뭐 그리 중요합니까?

K집사님은 뱃사나이였다.

그분을 처음 만났을 때, 사자의 갈기 마냥 헝클어 내린 머리카락은 짠 바람에 그을린 얼굴을 한층 강인하게 해주어서, 의리 있는 바다 사나이임을 금방 알게 해 주었다.

통통배를 타고 먼 바다로 고데구리-그물을 바다 깊숙이 내려 고기를 잡는 방법- 나갈 때면 키를 잡은 손이 능숙하였다.

일 년이면 한두 번 가던 곳이지만 이제는 마음 깊이 아름답게 아로새겨진 그곳 섬마을에 가게 되면 그분은 만사를 제쳐놓고 우리 내외를 섬마을 곳곳으로 인도했었다.

물 나면 사슴 목에 해삼이 많고, 물 들면 토끼섬에 도다리가 많으며, 마을 저편 바위 밑엔 전복이 쫙 깔렸다는 얘기, 망부섬의 유래며 엄마바위의 슬픈 이야기를 신바람 나게 해주는 자상함 또한 잊지 않았다.

한창 젊은 나이엔 중동이나 유럽으로 다니던 유조선을 타고 일 년이면 한 번이나 집에 올 듯 말 듯 하여 결혼생활 20년 남짓에 아내와 같이 산 세월은 3년도 못 된다며 허허허 웃으시곤 했다. 헌데, 집에 들를 때마다 심어놓은 딸이 좌르르 여섯에 끝동이로 아들이 하나였는데, 삼 년 전이던가 똘똘한 아들 하나를 더 두었다.

빚에 쪼들려 통통배도 처분해버려 흥부네 집 같은 집에 오골오골 몰려 있는 아이들이 안쓰러워 우리는 쌀이며 과자며 고기를 먼 뱃길로 실어 날랐다.

그분의 순수함과 인간다움에 마음이 끌린 우리 내외는 서울에 취직을 시켜 드렸고 통신으로 신학을 할 수 있도록 했다.

그 후 그분은 주님을 향한 열정이 뱃사람의 기질만큼이나 뜨거워져서 직장도 그만두고 기도원에서 살다시피 하는 거였다.

작년 어느 날인가, 기도원에서 내려온 그분은 직접계시를 받았다며 누가복음에 나오는 나사로와 거지 얘기를 넣어 전도지 수천 장을 만들라고 명령(?)을 내렸다.

또 한 달에 수백만 원을 벌 수 있는 길을 하나님이 열어 주셨다며 예수사랑교회를 하나 짓겠다고도 했다.

어쨌든 전도지 가지고 하룻저녁 두어 시간 다녀오신 그분은 좀처럼 문을 안 열어 준다며 푸념이었다.

그도 그럴 것이 보릿대처럼 버석한 머리가 어깨에 닿는 거무스름한 장정에게 그 누가 문을 선뜻 열어 주겠는가.

사택에 며칠 머무르시는 동안 우리 내외는 그분을 개혁(?)시키기로 했다.

'외모가 뭐 그리 중요하느냐'는 근거 있는 항변에도 불구하고 가까운 백화점에 가서 양복 한 벌과 구두, 넥타이 등 일습을 준비하고 이발까지 하도록 했다.

그날로 그분은 고향에 내려갔고 육 개월이 되도록 소식이 없었다.

그러던 그 집사님이 며칠 전 교회에 오셨었다.

더블단추 줄무늬 양복에 색깔 나는 와이셔츠를 멋지게(?) 차려입은 모습을 보고 제비 같다며 우리 모두 즐겁게 웃었다.

그런데 K집사님은 그때 그분이 아니었다.

애들 엄마는 어떻게 지내느냐는 우리의 걱정스런 질문에 '포기했다'며 단호히 대답했고 소파에 비스듬히 앉아 그동안 배운 지식을 늘어놓기도 했다.

왠지 영적 교감이 안 되는 것 같아 우리 내외는 서먹해져 버렸다.

그도 그럴 것이 그분은 '영서'-靈書-라는 것을 쓰셨는데 구불구불한 선이 빡빡하게 그려진 노트를 자랑스럽게 내놓기도 했었고, '풀어내는 은사' 얘기도 곁들였었다.

그렇게도 우리를 궁금하게 했던 그 육 개월 동안 서울에서 '영서 푸는 신기한 목사님'과 함께 지냈다는 것이다.

평생을 예수사랑교회를 위해 헌신하겠다며, 힘겹게 번 돈의 십일조를 무릎 꿇고 바치던 바로, 그분, 땟국 진 잠바에 부스스한 머리칼이 헝클어진 그분의 옛 모습이 훨씬 그리워졌다.

K집사님이 옳았다.

'외모가 뭐 그리 중요합니까?!'

• •

사랑의 주님, 우리의 외모를 보지 않으시고 마음 깊이 새겨진
우리의 마음 깊숙한 곳을 보시니 감사드립니다.
주를 사랑하는 마음 위에 정결함과 순수함을 더하소서.
예수님의 이름으로 기도합니다. 아멘

외모가 뭐 그리 중요합니까?

사모님의 근신

어떤 개척교회에 봄날에 피어난 복사꽃마냥 어여쁜 집사님이 새로 출석을 했다고 한다.

얼굴만 예쁜 것이 아니라~ 태도 또한 상냥하기 이를 데 없어 주일 설교가 끝나기만 하면 '아유, 목싸니임! 은혜 받았어용~' 하며 땡볕에 산들바람마냥 살랑살랑 애교 만점이고 보니 목사님 눈에 사랑스럽지 않을 수 없었지만, 웬일인지 사모님께서는 적신호(?)를 보내오기 시작했다.

아닌 게 아니라 일주일 내내 고민고민 밤잠 설치며 주일 낮 예배 설교 준비한 끝에 두근두근 설교를 마치고 나면, 여간해서 사모님은 은혜 받았다는 얘길 하지 않는다.

인사로라도 적당히 칭찬해 줄 만한데 그러긴커녕 가끔, 오늘은 서론이 약했다던가, 마무리가 흐지부지 라든가, 설교시간이 길다든가 짧다든가, 맨날 논평이니 잘해 보자는 얘기도 한두 번이지 입맛이 쓸 수밖에……

어쨌든 출석한지 얼마 되지도 않아 새벽기도 한 번 빠지지 않고 바지런히 나와 열심히 기도하고, 다른 집사님들 다 돌아가도 목사님 일어서실 때까지 꼼짝 않고 앉아 기도하니 그 믿음의 견고함이 가상하렷다.

백여 명 모인 성도들이 좌악 앉아 있어도 그 집사님은 군계일학 - 群鷄一鶴 - 이었다.

그 주변이 다 화사해서 목사님 눈길이 별생각 없이 자꾸만 그쪽으로 가는 듯하였고, 어떤 집사님은 목사님은 왜 그쪽만 보고 설교하느냐고 넌지시 농담 반 진담 반 얘기해오던 차였다.

무슨 느낌을 받았는지 사모님의 바가지가 그 도를 조금씩 높여갈 즈음 사소하게 시작된 부부싸움에서 목사님은 그만 최대의 실수-뺨을 치는 것-를 하고 말았다.

그저 새로 온 한 영혼이 귀해서 실족할까 봐 관심 갖는 것은 당연한 일인데, 억울한 생각이 드신 터였다.

그날로 사모님은 보따리 싸들고 친정집으로 가버렸다.

맞고는 못산다는 거였다.

마침 교회는 큰 행사를 앞두고 '홍해작전' 작정기도를 하고 있었던 터인지라 목사님은 여간 난감한 게 아니었다.

그런데 이게 웬일인가……

사모님이 친정 간 것은 어찌 알았는지 이 어여쁜 집사님께서 시도 때도 없이 문안전화가 쇄도했다.

"목싸아님, 식사는 하셨어요? 아휴, 그래, 사모님은 너무하시죠?"

"이 중요한 때 목싸님을 돕지는 못하실망정 그러심 되겠어요?"

'……!'

밤이면 또 때르릉~~.

"목싸아님, 주무세요? 저녁은 드셨어요? 맘이 많이 상하시
죠?"

"아, 글쎄, 사모님이 평소에 좀 너무하다 싶었는데……"

이건 순전히 위안 전화가 아니라 불난 집 부채질이었다.

전화 그만하시라고 하자니 상처받을 것 같고, 듣고 있자니
기가 막힐 지경이었다. 그건 그래도 참을 만했다.

온 성도들 간에 사모님 친정 간 얘기가 좌악 퍼지더니 결론
은 "사모님이 그럴 수가 있느냐." "홍해작전 망치려고 마귀 짓
했지." "사모님, 육이 펄펄 살았군, 육이 죽어야지, 암, 그래야
영이 살지."

와글와글, 자갈자갈, 집사들끼리, 구역장끼리, 재직끼리, 모
이기만 하면 연일 사모님 성토대회였다.

죽을 맛인 목사님께 드디어 재직 대표 서넛이 찾아온 것은
사모님의 친정행 사흘째였다.

비장한 얼굴로 찾아온 성도들은 목사님께 '사모님의 근신'을
요구했다.

사모님의 육적인 것을 죽이는 길은 금식밖에 없으니 회개하
는 마음으로 금식 20일을 해야 한다는 요구였고 재직회의 결정
사항이라는 거였다.

목사님은 이러지도 저러지도 못할 지경이 되고 말았다.

재직 편을 들자니 아이들 도시락이다, 빨래다, 청소다 집안

일로 분주하고, 새벽기도에 철야기도에 가끔 하는 금식기도에, 구역예배에, 사택에 끓이지 않는 손님접대에, 식사대접이다, 라면 끓인다, 커피 끓인다, 허리 한 번 펴 볼 날이 없이 언제나 얼굴이 뉘리끼리 한 아내가 안쓰럽고, 아내 편을 들자니 알탕갈탕 백여 명 된 성도가 떼 지어 나갈 판이니 사면초가였다.

그래도 아내가 내 맘 알아주겠지 싶어 처가에 찾아가 '금식 20일' 받아온 사연을 설득 반 협박 반으로 전했더니 그런 금식은 도저히 할 수 없다며 펄쩍 뛰었다.

금식 명령은 하나님이 내리시는 거지 재직이 내리느냐, 내가 뭘 잘못했느냐며 그동안 설움 받은 얘기가 족히 소설 한 권이었다.

결과통보를 하기로 한 날짜는 다가오는데 사모님은 막무가내였다. 소득 없이 돌아오신 목사님께서는 밤새 제단에서 주님께 '피할 길'을 위해 눈물 뿌릴 뿐이었다.

드디어 약속된 날 새벽, 경비대장처럼 떡 버텨 앉은 남전도회장 이하 평소보다 많이 나온 성도들을 향해 강단에 올랐다.

'주여, 어찌 하오리까……?'

하는 순간이었다.

목사님 코 밑에 앉아 있던 꽃같이 예쁜 집사님 얼굴이 흙빛으로 변하더니 벌떡 일어서서 성도들에게 욕을 해대기 시작했다.

"너 이×, 이 교회에서 당장 안 나갈래?"

"너 이×, 썩 꺼졋!"

입에 거품을 물고 발작을 하더니 뒤로 나둥그러지고 말았다.

갑자기 일어난 일인지라 모두들 어리벙벙할 뿐이었다.

　이 미인 집사님은 개척교회마다 찾아다니며 부부싸움 붙여놓는 명수였고 이미 별(?)이 너덧 개 붙은 터였다.

　당연히 '사모님의 근신'은 철회되었다.

· ·

사랑의 주님, 이 세상에 주께서 세우신 주의 종을 위하여 기도합니다.
주를 사랑하는 마음으로 헌신하게 하옵소서.
그로 인하여 양 무리와 함께 주의 길을 가는 기쁨을 누리게 하옵소서.
예수님의 이름으로 기도합니다. 아멘

남태령 고개

서울에서 과천을 가자면 남태령 고개를 넘어야 한다.

옛날엔 과천현감이 부임하면서 호랑이가 무서워 울며 넘었다하여 유명하고, 지금은 출퇴근 시간마다 자동차 주차장이 되어서 유명하다.

늦여름의 태양이 석양으로 바뀌어갈 즈음, 그 열기가 남태령의 지면으로 솟아오르고 있을 때 남편과 함께 고개를 넘고 있었다.

그때, 우리의 시야에 조금은 왜소한 체격의 한 청년이 힘겹게 휠체어를 밀며 오르고 있는 모습이 보였고, 남편의 장애인 형제를 대하는 본능적(?) 관심은 그 앞에 차를 세우게 하였다.

차에서 내려 보니 휠체어에는 얼굴이 거무스름한 삼십 대의 뇌성마비 장애인 형제가 땀을 흘리며 앉아 있었는데, 두툼해 뵈는 겨울 바지 탓만은 아닌 것 같았다.

그 청년의 땀 맺힌 얼굴에는 우리 내외의 출현에 깜짝 반가워하는 기색이 역력하였다.

교회는 다니지 않는다며 담배 한 개비 맛있게 피워 무는 청년에게 주보 한 장을 건네주고는 차에 태운 후 휠체어를 실었다.

그는 어머님과 단둘이 사는 삼십칠 세의 노총각이며 이름은 황철주라 했다.

상당히 심한 뇌성마비 증세를 띠고 있어 발음은 무척 어눌했지만 연신 감사하다는 말과 함께 열심히 행선지를 설명하였다. 그가 내밀던, 땟국이 흐르는 종이쪽지엔 '과천시 별양동 직업재활원'이라 적혀 있었다.

성하지 않은 몸이지만 단지 일해 보겠다는 일념 하나로 부천에서 전철을 타고 사당동에서 내려 휠체어로 과천을 향하는 대장정(?)의 길에 오른 것이리라.

오는 도중, 가파른 계단과 수많은 문턱 앞에서 몇 번이나 좌절을 맛보았을까…….

요즈음엔 젊은이들이 일하기를 기피한다 하여 모두의 걱정거리가 되고 있다.

힘든 일은 가능한 한 기피하고 그저 쉽고 편안한 일만을 찾을 뿐 아니라, 한번 선택한 일에 대해 최선을 다하는 노력과 인내 또한 부족하여 철새처럼 직장을 옮겨 다닌다고도 한다.

몸이 성한 이들이 힘들다하여 쉽게 그만두어 버리는 직장이 장애인에게는 그저 하늘의 별 따기 만큼이나 어렵고 소중한 것이 지금 현실이다.

우리들, 비장애인들은 그들에게 사랑과 관심을 가져야 할 의

무가 있다.

주님께서 우리에게 건강한 몸을 주신 것은 건강하지 않은 이들을 위한 헌신을 요구하시기 위함이기 때문이다.

묻고 물어 찾아간 목적지에서 그를 담쑥 안아 올리는 남편의 등 뒤엔 촉촉이 땀이 배어 있었다.

그가 우리를 위하여 목숨을 버리셨으니 우리가 이로써 사랑을 알고 우리도 형제들을 위하여 목숨을 버리는 것이 마땅하니라

- 요한일서 3장 16절 -

· ·

사랑의 주님, 저희에겐 건강한 몸과 일을 허락하시니 감사합니다.
이로 인하여 건강하지 못한 이웃을 더욱 사랑하게 하옵소서.
또한, 몸은 성하나 마음에 깊은 장애를 입은 이들을 위하여 기도합니다.
주님의 사랑과 은총이 함께하옵소서.
예수님의 이름으로 기도합니다. 아멘

화끈한 환상이 없어도 좋아

처음 '사모님'이라는 호칭으로 불릴 때 왠지 어색하고 머쓱했던 적이 있었다.

'사모'라고 하면 후덕한 몸집에 웬만한 응어리쯤 녹여버릴 것 같은 푸근푸근함이 온몸에서 풍겨 나와야 할 터인데 난 도대체 사모의 정석과는 거리가 멀다.

짧게 자른 머리에 다소 힘이 갈 만큼 파마끼가 있어야 머리칼 한 올 흐트러짐 없이 단정할 터인데 내 머리는 구불구불한 머리칼이 윗등을 덮을 만큼 길다.

부잣집 맏며느리마냥 아무리 큰일도 무서워하지 않고, 마파람에게 눈 감추듯 아무리 많은 설거지도 사그리 싹싹 할 줄 알아야 할 터인데, 주일날 점심 한 끼 계획하는 것도 삼일 전부터 요걸 할까 조걸 할까 잠을 설칠 정도다.

후울홀 김 오르는 라면 한 사발에 김치 한 가지라도 마음 편하게 써억 내놓을 줄 아는 소박함이 있어야 할 터인데 '밥은 먹었느냐'고 물을 때면 내 머리는 냉장고 속 반찬, 가지 수 세기에 분주하니 마음만 조급할 뿐 허물없이 식사 대접하기가 그리도 어렵다.

'상이 꽉 차야 손님상 올린다'는 친정어머니의 구식관념이 아직도 마음에 자리하고 있어, 반찬 없는 밥도 맛있게 먹어 주는 성도들 앞에서 겉으로는 하하 웃어도 속은 안쓰럽고 마음 상한다.

기도 많이 해서 허스키해진 목소리로 심금을 울리는 찬송 한 곡조나 은혜스러운 방언기도로 서너 시간 꼼짝없이 기도하는 성스런(?) 모습을 보여주어야 할 텐데……

맨날 기도가 안 된다며 삑하면 금식해서 성도들에게 건강 걱정을 끼치거나, 예수님께 편지 써서 한 달에 서너 번 쓰는 일기장에 끼워 넣고 다니니 도무지 모범적인 구석이 없다.

편지 말이 나왔으니 말인데 난 한 시간 이상 긴 기도를 해본 적이 없다. 진짜로 마음속이 터질 것같이 사연이 많을 때면, 아니 소원이 많을 때면 난 책상머리에 앉아 편지를 쓰고 또 쓴다.

수신인은 예수님, 발신인은 나, 우표도 없고 주소는 쓰지 않지만, 반드시 딱풀로 봉투를 꼭꼭 여민다.

한데 그 편지가 수취인 불명으로 내 손에 돌아왔다는 생각은 한 번도 해본 적이 없는 몽상가이다.

기도 많이 하면 얼굴이 햇빛처럼 빛난다는데 내 얼굴은 늘 우수에 잠겨 있다고 한다. ―이것은 절대 자화자찬이 아니다. 그저 적당한 표현이 없어서이다― 예진이 엄마는 날 보고 '가을 여자'라며 놀려대기도 한다.

그건 아마 머릿속이 늘 생각으로 분주하기 때문이지 싶다.

역사는 단순한 사람에 의해 발전한다는 누군가의 말이 아니더라도 진리의 단순성과 평범성을 생각할 때 예수님은 단순한 사람을 사랑할 것 같다.

여하튼 이모저모로 난 '불합격 사모'인 셈이다. 그런데 난 왜 '사모'가 되었을까? 여러 사모님을 만나보면 나름대로의 확실한 응답이나 기가 막힌 환상을 통한 멋진 '부름'이 있었음을 간증하곤 하는데 난 그럴 때마다 속으로 기가 죽는다.

왜냐하면, 난 주님께 '사모'가 되게 해달라고 기도해 본 적이 없고 더구나 예수님의 환상을 본 적은 더더욱 없기 때문이다.

그래서 어느 날이던가, 난 하나님께 이 부족한 것을 참말로 참말로 사모시켜 주신 거냐, 아니면 내가 억지로 한 것이냐 다그쳐 물은 적이 있었다.

나의 외할머니는 은발에 모시 적삼 즐겨 입으시던 고운 모습으로 내 기억에 남아 있다.

마루턱에 봄볕 환히 내리쪼이는 봄날이면 햇쑥 넣어 버무려 찐 쑥개떡이나 노란색 인절미를 도시락통에 담아와 늦본 막내 손주딸에게 갖다 주길 좋아하셨다. 삼례에서 전주까진 꽤나 먼 거리인데도 종종걸음 마다하지 않으셨다.

그런 분이 아들 며느리 반대하는 중에 교회에 나가셨고, 그래서 늘그막 눈칫거리가 되고 만 터였다.

가을소풍 돌아오는 길에 문병 간 나를, 검정 개성베 이불을 목까지 덮으시고 슬프고 큰 눈으로 바라보시던 그 모습을 지금도 잊지 못한다.

그런 분이 겨울날 하늘나라에 가셨고, 난 활활 피어오르는 모닥불이며 채알 밑으로 웅성거리는 사람구경에 신이 났었다. 마냥 뛰노는 나에게 어머님은 문풍지 한쪽 뜯어온 한지 한 장에 몽당연필 갖다 주시며 할머니에 대해 작문을 해보라는 주문을 하셨고, 난 연필 끝에 침을 묻혀가며 방바닥에 배를 깔고 열심히 뭔가를 썼다.

난 이십여 명쯤 양쪽으로 늘어앉은 사람들 앞에 불려 나갔고 훌쩍훌쩍 잉잉잉 울며 그 글을 낭송(?)했었다.

불 때던 아주머니며, 화투치던 아저씨며, 삼촌이며, 외숙모며 모두 몰려나와 나처럼 훌쩍훌쩍 그래그래 하며 울었다.

그 중 넥타이 매고 포마드기름 바른 신사 한 분이 날 번쩍 안으시더니 무릎에 앉히고 뭔가를 쎄게쎄게 말했고 모두들 고개를 조아렸었다.

상상컨대 그분은 목사님이셨고, 아마도 큰 상 주시라고 간절히 기도하셨지 싶다. 그날 난 신바람이 났었다.

초등학교 1학년 코흘리개는 그날 이후 예수님의 계획 안으로 들어가지 않았을까.

아니면 나의 고운 외할머니, 갖은 핍박에도 처음 예수를 믿으셨던 그분의 기도 때문이 아니었을까.

화끈한 응답이나 환상이 없어도 좋다.

나의 삶을 지금까지 인도해 오신 예수님의 사랑이 부족한 나를, 날마다 새롭게 빚으실 것이므로……

사랑의 주님, 우리가 아직 죄인 되었을 때에 우리가 오히려
경건치 못했을 때에 끝없는 사랑으로 사랑하심을 감사하나이다.
사랑의 주님, 부족한 이 모습 이대로 받아 주옵소서.
새로운 힘과 용기를 주옵소서.
예수님의 이름으로 기도합니다. 아멘

내 이웃의 아픔

"에규후……! 안녕하세요, 차암말로 어려운 전화데이트를 하
게 됐네요, ××교회 ×집사예요."

연신 즐거움으로 가득 찬 목소리가 라디오를 통해 흘러나왔
다.

"저어, 우리 교회 어떤 집사님이 남편 문제로 마음이 상해
있는데 같이 듣고 싶어 찬송가 한 곡……"

그 집사님이 듣고 계실지 모르겠다는 진행자의 예사로운 응
답에 친절한 대답이 잇달았다.

"○○○집사님인데요, 지금 듣고 있었으면 좋겠네요."

구체적인 이름이 전파를 타고 흘러 전국에 생방송(?) 되었
다. 답답한 마음에 그 집사님에게 자신의 문제를 상의했을 터
인데 남에게 알리고 싶지 않았을지도 모르는 그 문제가 방송
으로 노출된 것을 알게 된다면 당사자는 어떤 마음을 갖게 될
까…….

우리들은 사랑과 관심이라는 이름 아래 별생각 없이 이웃들

에게 상처를 주고 있지나 않은지 생각해 볼 일이다.

모든 이들에겐 크고 작은 아픔들이 있기 마련이고 그 아픔들은 남에게 알리고 싶지 않은 것이 대부분 일게다.

그런데 그 아픔들이 오히려 예수님을 만나는 계기가 되기도 하며, 주님의 사랑을 체험하는, '합력하여 이룰 선'이 되기도 한다는 것은 크리스천이면 누구나 다 알고 있다.

예수님께만 아뢰져야 할 그 문제들이 어느 땐 나약한 심성때문에 믿을 만하다고 생각되는 이웃에게 기도 부탁과 함께 고백되기도 하는데, 자칫 잘못하면 침소봉대되어 터무니없는 소문으로 떠돌아다니게 되고 때로는 교회의 분열을 초래하기도 하니 큰일이다.

그렇다면 비밀스러운 남의 아픔을 알았을 때 우리는 어떻게 해야 할까.

나는 학창시절에 가톨릭 신자였기 때문에 고해성사를 집전하시던 신부님을 잘 기억하고 있다. 고해소 앞에 무릎을 꿇고 생각나는 죄와 고민을 말씀드리면 신부님께서는 잠잠히 들으신 후 기도문과 함께 보속-죄 씻음의 대가로 주는 선행-을 주신다.

나의 죄를 고백하고 고해소를 나설 때 그 신부님께서 다른 어느 누구에게 내 고백을 발설할지도 모른다는 우려를 한 번도 해 본 적이 없다.

오직 나의 죄를 깨끗이 하시는 이는 십자가에서 대속의 피를 흘리신 예수님 그분이며, 그분께 아뢰기만 하면, 그는 미쁘시고

의로우사 나의 죄를 사하여 주신다는 확신 아래 거한 요즈음, 지난 날의 고해성사가 부질없이 느껴지기도 하지만, 지금도 신부님의 잔잔하고 신실한 음성만은 잊을 수 없다.

우리는 남의 아픔을 내 아픔으로 받아들이고 조용히 예수님께만 아뢰는 자세를 가져야 할 일이다.

'남의 염병이 내 고뿔보다 못하다'라는 속담은 다른 이의 고민을 한낱 얘깃거리로 치부해 버리는 우리의 오류를 교훈하는, 선인들의 날카로운 지적이다.

내가 아파 보지 못한 아픔은 결코 모든 것을 이해했다고 말할 수 없으며, 설사 이해한다 하더라도 당사자만큼은 절실하지 못하다. 그러므로 우리는 이웃의 아픔 앞에 늘 겸손하기를 다짐해야 하며 침묵하기로 결심해야 한다. 오로지 예수님 앞에서만을 제외하고는······.

· ·

주님, 주께서 저를 사랑하신 것같이 저로 하여금 내 이웃을
잠잠히 사랑하게 하소서. 주님께서 제 아픔을 이해하신 것처럼
이웃의 아픔을 내 아픔으로 받아들이게 하시며 진정한 위로자이신 주님을
전하게 하옵소서. 예수님의 이름으로 기도합니다. 아멘

내 이웃의 아픔

용서하지 못한 사람

'벤 킹슬리'라는 영화배우가 있다.

그를 몇 년 전 '간디'에서 만났을 때 그의 청정한 눈빛에 마음이 사로잡혔었다.

구부정한.어깨에 왜소해 보이는 그는 거짓 없이 투명한 눈빛 하나로 또 하나의 간디가 되어 열연했었는데, 일전에 TV에서 방영한 '사이먼의 증언'- murders among us - 이라는 영화에서 그를 다시 만나게 되었다.

2차 대전 당시 악명 높은 유대인 수용소를 전전하면서, 사이먼 비젠탈은, 게슈타포의 만행을 머릿속에 차곡차곡 기억해 두고는 은밀한 가운데 구겨진 종잇조각에 옮겨 그린다.

'신은 어디에……!' 라고 절규하면서…….

마침내 자유의 날을 맞이하여 '복수의 화신'이 되어 버린 그는 '육백만의 죽음 앞에 복수라는 말은 감히 사용할 수 없다'고 강변하면서 자신의 삶을 오로지 '벌주기'에 던져 버린다.

'이미 죽은 이'를 위해 '따뜻함'을 버린 남편 앞에서, '인간이기에 평범하게 살고 싶다'고 몸부림치는 아내의 또 다른 절규와 고통은 이런저런 생각을 하게 했다.

물론 연기에 불과한 것이겠으나, '용서와 침묵'으로 불의와 맞서 싸우는 간디의 온유한 눈빛은 '결코 용서할 수 없는 분노'로 집착하는 사이먼의 싸늘한 눈빛으로 변하여 차가운 유리알처럼 식어 있었다. 그래서 눈은 마음의 창이라고 누군가 말했나 보다.

이 세상엔 용서하지 못함으로 인하여 고통스럽게 사는 사람이, 용서받지 못하여 고통 받는 이보다 훨씬 더 많다.

우리 모두 무슨 일이든 빨리 용서할 일이다.

상대편의 '죄지음'에서 오는 고통보다 용서하지 못함으로 인한 마음의 고통이 갑절 크기 때문이다.

주님 앞에 죄인 아닌 사람이 그 누구인가.

우리 모두 '용서받은 자'이며 '빚진 자'이다.

그러므로 예수님께서 우리를 용서하신 것처럼 우리도 이웃을 용서해야 할 일이다.

다른 이를 용서하기만하면 '사랑' 그 자체이면서 '공의'이기도 하신 주님께서 모든 일을 책임져 주실 것이므로…….

우리가 우리에게 죄지은 자를 사하여 준 것같이 우리 죄를 사하여 주옵시고

– 마태복음 6장12절 –

용서하지 못한 사람

그리운 어머니

　누구에게나 '어머니'는 계시고 그 어머니는 늘 고향 같은 느낌으로 다가오기 마련이다. 나에게도 예외는 아니어서 '어머니'를 생각할 때마다 사무치는 그리움과 함께 못다 한 효도에 대한 죄스러움이 밀려온다.

　이렇게 날씨가 더워질라치면 꼿꼿하게 풀 먹인 하얀 모시 적삼을 곱게 차려입으시고 눈부시도록 하얗게 닦은 코고무신을 신으신 어머니의 모습이 커다란 그리움으로 날 함몰시킨다.

　마당에 감나무잎 그림자가 짙게 드리워지면 채송화랑 사루비아랑 손톱에 물들일 봉숭아랑 가꾸시고 가을날 생각하시어 국화 심기도 잊지 않으시던 어머니.

　요즘은 나일론 스타킹 털털 물 떨고 말려 신으면 그만인데, 당신은 아무리 더운 날씨에도 버선으로 작은 발을 수줍게 감싸셨다.

　어린 막내딸 두고 일찍 떠나버린 남편 생각에 잠 못 이루는 밤도 있으셨으련만 그때 난 그 아픔을 눈치조차 채지 못했던

것 같다. 어머니에게는 내가, 우리 자식들이 인생의 전부일 것
이라는 철없는 속단이었다.

　그런데 당신의 고뇌와 인내를 가슴으로 느끼는데 꼬옥 삼십
년의 세월이 걸렸다. 이제야 가슴 한복판이 미어지는 그리움으
로 가끔씩 몰래몰래 속앓이를 한다.

　더욱이 내 어머니에게 주님의 끝없는 사랑과 치유의 능력을
일찍이 알려드리지 못했다는 죄책감이 날 더욱 괴롭힌다. 좀 더
일찍이 예수님의 사랑을 알았더라면 어머님께 평화와 건강의
시간을 더 드릴 수 있었을 텐데……

　눈부신 햇살을 머리에 이고, 마당을 가로지르는 빨랫줄에
풀 먹인 모시 적삼, 정성으로 널으시던 어머니, 어머니……

　하늘나라 예수님 곁에 살고 계실까……

• •

　　사랑의 주님, 예수님의 사랑을 알게 하기 위해서 우리에게
　　어머니의 사랑을 주신 은혜에 감사드립니다.
　　예수님의 이름으로 기도합니다. 아멘

그리운 어머니

어떤 찬양을 기뻐하실까?

일전에 참으로 놀라운 얘기를 들은 적이 있다.

오랜 외국생활로 우리 실정을 잘 모르는 어떤 교수님이 이름만 대면 누구나 알 만한 H선교회관의 웅대함과 화려함에 대한 소문을 듣고 그곳을 방문해 보니 성전에 파이프 오르간 설치공사를 하고 있었다 한다.

무슨 일에나 탐구적인 교수님께서 사무원 자매님에게 묻길 "자매님, 대단한 공사군요. 이런 공사엔 일억 정도는 넉넉히 들어가겠죠?"

파이프 오르간의 위용을 아는 터인지라 내심 넉넉한 금액이라 생각하셨다 한다. 그러자 그리도 뭘 모르시냐는 듯 웃음 섞인 목소리로 대답하기를

"아유후, 교수님도……, 겨우 일 억요? 최대한으로 불러 보세요." 하더란다.

갑자기 하게 된 숫자놀이에 야릇한 흥미를 느끼며 설마 '이 정도는 아니겠지.' 하시면서도, 자매님의 '최대한'이라는 말에

힘입어 좀 더 후한 금액으로

"그으래요……? 그럼 이 억쯤……?"

그러자 자매님이 재미있어 죽겠다는 듯.

"거기에 '0'을 더 붙여 보세요." 하더라는 것이었다.

이십여 년의 외국 생활 중 우리 돈 개념이 확실히 서 있지 않은 그분이 '0'을 붙이는 데 한참 헤매다가 '설마, 설마……?' 도저히 믿어지지도, 믿고 싶지도 않은 엄청난 금액 앞에서 놀라움보다는 착잡한 심정이 앞섰다니 무슨 생각을 하셨던 것일까.

그 얘기를 전해 들으며 문득 내 마음을 스치는 기억이 있었다.

지난주 철원 수색대대 어머니교회에서의 예배 장면이었는데, 곱사등을 한 아내의 정성 어린 피아노 반주에 맞추어 앞 못 보시는 이진구 집사님의 혼신을 다한 찬양 모습이었다. 게다가 창단된 지 몇 달 안 되는 병사들의 어설픈 성가대 찬양과 평소엔 군기 잡느라 어깨에 힘 좀 주었을듯한 건장한 체격의 중대장님의 지휘는 아직도 즐거운 기억으로 생생하다. 주일학교 어린이들이나 신나게 불러댈 복음성가 한 곡을, 보는 이로 하여금 숙연해질 만큼 진지한 표정으로 지휘하는 모습을 '카라얀'이나 '정명훈'이 보면 빙그레 웃을 터이지만 아마 예수님께서는 하늘나라에 있는 은종으로 박자를 맞추며 기뻐하셨을 거다.

하나님은 '신묘막측' 하시고, '광대무변' 하시며, 그분의 생각이 우리의 생각과 다름은 동이 서에서 먼 것과 같다.

어떤 찬양을 기뻐하실까?

예수님은 오스트리아산 파이프 오르간의 기막힌 선율도 좋아하시지만, 박자나 음정엔 상관없이 정성어린 마음 하나로 부르는 젊은이들의 찬양도 기뻐하신다.

예수님의 마음과 그 크신 사랑을 우리가 어찌 헤아릴 수 있으랴.

• •

사랑의 주님, 감사합니다. 큰 것을 드릴 수 있는 이가 큰 것으로 드리는 것보다는, 작은 것밖에 드릴 수 없으나 작은 것 전부를 정성으로 드리는 마음을 보시고 기뻐하시니 더욱 감사드립니다.

주님, 무슨 일이든지 순전한 마음으로 하게 하옵소서.

예수님의 이름으로 기도합니다. 아멘

사랑 불감증

    한 달 전 남편이 신학 연구원 1학기를 종강한 날이었다. 야간공부를 마치고 밤 10시가 다 되어서 귀가한 남편은 들뜬 목소리로 날 부르더니, 종이가방 하나를 내보였다. 대견한 모습으로 지켜보는 가운데 꺼내보니 염가판매하는 데서 산 듯한 니트 웃옷이었다.

    당신은 목선이 고와서 잘 어울릴 거라며 자꾸만 입어보라는 거였다. 급히 하고 있었던 일이 있어,

    "예쁘네요." 한마디를 던지고는 내 하던 일에만 열중해 버렸다.

    일을 마치고 방에 들어오니 소파에 몸을 기댄 채 앉아있던 남편 옆에 웬 카드 한 장이 떨어져 있었다.

    '이게 뭐지?'

    무심히 집어 읽어보니 한 학기 동안 수고했다는 감사인사와 위로가 담겨진 짤막한 편지였다. 신중함 없이 옷을 꺼내 들다 보니 바닥으로 떨어진 지도 몰랐었나 보다.

아차, 싶은 생각이 들어 "이거 저에게 쓰신 거예요?"하고 멋쩍게 물었더니 그 대답이 나를 또 한 번 당황하게 했다.

"당신이 감사하는 마음을 많이 잊었네. 전에는 작은 선물에도 감사하더니……."

자못 섭섭한 기색에 실망의 빛까지 역력해 보였다. 남편 앞이지만 감성의 텃밭을 잃어버린 삭막한 마음을 들켜버린데 대한 송구스러움과 자책감이 밀려와 울컥 눈물 같은 게 치밀었다.

남편이 처음 신학교에 입학하던 6년 전엔 무척 형편이 어려웠다. 그때는 비록 봉지쌀을 사먹기도 하는 어려움이 있었지만 늘 주님께 감사하면서 찬송하며 살았다.

수업을 마치고 집에 돌아올 때면 기다리고 있을 나를 위해 백 원짜리 '누가바'나 '아이차바'를 사들고 오곤 했는데, 그럴 때마다 난 어린애처럼 좋아하면서 행복하게 먹어주곤 했었다.

주님은 갖가지 어려움을 통해 우리를 훈련시키신 후 나에게 썩 괜찮은 '일'을 주셔서, 신학대학이나 대기업에서 강의할 기회도 주셨고, 아이들을 가르치는 보람도 갖게 하셨다.

등 따뜻해지면 은혜를 모른다더니, 어느새 나는 사랑과 은혜를 감지하지 못하는 불감증에 걸려 있었던 터였다.

그전엔 기적으로 느껴져 감사했던 것이 가끔은 우연으로 느껴지기도 하고 주어진 모든 것이, 마치 나의 의지나 노력으로 된 듯한 착각에 빠지는 무례함과 불신이 내 마음속에서 고개를 들기도 하니 이 얼마나 위험하고 부끄러운 감정인지.

백 원짜리 '누가바' 선물도 감격해 하며 남편의 사랑을 넉넉히 읽었던 내가 감사와 위로가 담긴 소중한 옷 한 벌에도 오히려 무감각해지다니…….

우리는 가끔 첫사랑을 잊고 산다.

주님을 처음 만났을 때의 그 감격과 샘솟는 기쁨을 잊기도
하고 남편을 처음 사랑했던 가슴 뛰던 순간들을 잊은 듯 살아
가기도 한다.

그러나 나에겐 어떤 확신 같은 것이 있다.

첫사랑의 뜨거운 열정은 잊었을지 모르지만 미숙함에서 벗
어난, 진지하고 잔잔하게 흐르는 무던한 사랑. 비바람도 능히
이길 수 있는 깊은 신뢰로 뿌리내려진 성숙한 사랑이 주님과 남
편을 향해 내 마음 깊숙한 곳에 자리하고 있음을…….

· ·

사랑의 주님, 저로 하여금 주님께서 주신 작은 것에 대하여
민감하게 하옵소서. 그리하여 작은 것에서 주님의 크신 사랑을 읽어내는
지혜를 주옵소서. 또 그로 인하여 늘 감사의 노래를 부르게 하옵소서.
예수님의 이름으로 기도드립니다. 아멘

사랑 둘감증

생일날의 기도

보름달이 휘영청 밝았던 그날은 내 생일이었다.

교회를 개척하고 맞이하는 첫 생일이어서 예수님의 사랑으로 귀한 선물을 받았다. 평소 유난히도 들꽃을 좋아하는 내 마음을 알고 선물해 준, 희귀한 야생화를 담은 그림엽서와 책, 장미꽃, 케이크……, 하나 된 마음으로 축하를 받았다.

해마다 늘어가는 초를 꽂으며 '끔찍하다'는 농담을 하며 즐겁게 웃었다.

작년에는 남편이 장미 한 다발을 사다가 제철 아닌 장미에서 향기가 나지 않는다며 향수-자동차 방향제-를 찐하게 뿌려오는 바람에 둘이서 재미있게 웃은 적도 있었다.

지난 날 기억되는 내 생일은 어머니의 정성으로 시작되었다. 어머니와 난 목욕재계하고 이른 새벽부터 찐 팥떡 시루를 청강수 한 그릇과 상 위에 올려놓은 채 절을 했다. 어머니의 소원기도가 끝나면-무어라 소원을 빌으셨는지는 모르겠다- 어머니는 뜨거운 떡을 칼 대는 일이 없이 한 켜를 들어내어 시루 크기만 한 너부적한 떡 한 덩이를 청강수 한 그릇과 다 먹게 하셨다.

모 없는 떡덩이마냥 인생길이 온전하고, 청강수마냥 해맑으라는 의미였지 싶다.

삼신할머니를 향한 정성은 어머님께서 성당에 다니시면서 끝이 났다. 하나님-성당에선 천주님-을 전해 들으신 어머니는 뿌리 깊은 미신을 의심 없이 던져 버리셨다.

내 바로 위의 언니와 오빠는 먼저 성당에 나갔고 난 중학교 이학년 때 담임선생이신 수녀님이 너무 좋아서 교리 공부를 하고 영세를 받았다. 면사포 같은 하얀 미사포를 머리에 쓰고 고딕풍의 엄숙한 성당에서 미사 드리는 게 그렇게 좋았었다. 묵주알을 굴리며 성모님께 만사형통만을 빌 뿐이었고, 단지 자존심 상하지 않을 만큼의 몇 가지 죄목을 끌어내어 신부님 앞에서 고해성사를 바치고 나면 죄 사함 받은 것으로 생각했다. 하나님은 궁창을 걸어 다니시는 거룩하신 분으로 먼 데 계신 분이고, 성모님은 어머니 같아서 내 소원을 잘 들어주신다고 생각했다.

그럭저럭 다니던 성당도 일이 바빠 그만두었고 소위 냉담자가 되어 대죄를 진, 지옥행 신자가 되고 말았다. 지금도 강한 기억으로 남는 것은 견진성사를 받았던 날의 기도이다.

천주님께 꼭 한 가지 소원기도를 드리라는 수녀님-당시 나의 대모님-의 말씀을 듣고 난 이렇게 기도했었다.

'천주님, 혹시 제가 당신 곁을 떠나더라도 죽는 날에는 절 다시 불러주세요.'

지금 생각해 보면 부자나, 이름 높은 교수나, 날리는 소설가가 되게 해달라고 기도 안 한 것이 기특하지만, 아마도 지옥에 대한 막연한 두려움이 있어 제법 진지하게 머리를 썼던 것 같다. 승승장구하던 삶이 내리막길을 달릴 때 주님은 영혼이 죽어버린 나의 기도를 기억하시고 나의 인생길에 찾아오셔서 나의 삶에 깊숙이 개입하셨다.

　지금도 난 초라한 개척교회를 찾아가 무릎 꿇던 그날을 잊지 못한다. 하늘나라 멀리 계신 분이 아닌, 지금 현재 내 곁에 계시는 그분을 만나고 싶었다. 신부님을 통해서 내 죄를 사해 주시는 것이 아니라 내가 무릎 꿇고 '아버지'라고 부르기만 하면 진리 안에서 자유케 하시는 하나님을 만나보고 싶었다.

　난 이제 그분을 만났다. 그분이 쏟아 부으시는 사랑으로 현재를 살고 있는 것이다.

　생일 케이크에 60개가 훨씬 넘는 초가 꽂히는 날, 그날 난 자신을 불태우는 촛불 아래 백발을 빛내며 이렇게 말하리라.

　'주님이 날 인도하셨어, 멋진 인생으로…….'

· ·

사랑의 주님, 우리가 알지 못하여 우상에 절할 때에도, 우리가 믿지 못하여
주님을 부인하였을 때에도 우리를 택하시고 우리를 사랑하심으로
우리의 삶 위에 은총이 있게 하시니 감사하나이다. 이로 인하여 주님을 믿고
주님을 사랑하고 주님을 소망하는 우리들이 되게 하옵소서.
예수님의 이름으로 기도합니다. 아멘

남북의 창

평소 시청료가 아까우리만큼 TV에 흥미를 느끼지 못하는 편이지만 유독 나의 관심을 끄는 프로그램이 있다.

다름 아닌 북한의 최근 소식을 알려 주는 '남북의 창' 같은 것인데, 가끔 보여 주는 금강산의 수려한 경치나 폭포수의 장관 때문만은 아니다.

오히려 TV 화면에 빨려들 듯 바라보게 되는 것은 내 동포들의 얼굴 모습 때문이다. 내 어머니 같고 내 오라버니 같고 이웃집 아저씨 같기도 한 그들……

어릴 적 반공 포스터에서 본, 뿔이 난 붉은 도깨비 공산당하고는 퍽 거리가 먼 모습들이다.

일전에 '위대하신 아버지 김일성 수령님'께서 친히 보내주셨다는, 진갑상을 받으신 할아버지 노동자께서 훈장을 주저리주저리 몸에 달고 나타나셨다.

'이렇게 보잘것없고 천한 저에게 친히 진갑 상을 내려주시고……'

자못 감격에 겨우신 듯 눈자위가 홍건한 모습으로 신파조 연설을 하시더니 온 기력을 다하여 '만세'를 부르시는 거였다.

그 모습의 순진무구함에도 놀라려니와 그것을 지켜보는 군중들의 얼굴표정 하나하나가 더욱 홍미로웠다. 참으로 감동이라는 듯, 모든 눈빛들은 깊은 감격에 젖어 있었고 어떤 이는 입이 반쯤 벌어진 채 넋을 잃고 있는 거였다.

그런 그들을 바라보면서, 참으로 부러운 것이 있다. 그것은 일사불란한 행동가짐도 아니요, 수령님의 진갑상은 더더욱 아니다. 물론 훈련과 세뇌교육에 의한 것이겠지만 순진하게 감격하는 마음씨이다.

가끔 보여주는 '인민 배우'의 한심한 코미디에도 박장대소를 하며 데굴데굴 구르는 그들의 마음 밭은 순수해서일까?

우리들은 잘 웃지도, 믿지도 않는다.

수준 있는 개그맨이 자빠지고 넘어져도 잘 웃지 않는다. 쌈빡하게 말초신경을 자극해야만 빙긋이 웃을 뿐이다.

'진짜 순 참기름'이라 해도 머리를 갸우뚱하고 '창고 대방출 바닥 완전 정리 세일'이라고 해야 조금 믿는다.

그만큼 우리들의 마음 밭은 메말라 있다는 걸까.

하루속히 통일이 되어야 할 일이다.

그들의 순진무구함과 우리들의 합리적인 사고가 적당히 섞여져서 하나가 되어야 하겠기 때문이며 더더욱 '친애하는 김일성 수령님'을 우상화하는 그들의 무지를 벗겨내고 사랑의 복음을 전함으로써 자신들의 인격 하나하나가 얼마나 소중한 것인지를 깨닫게 해야 하겠기 때문이다.

그 막대기들을 연합하여 하나가 되게 하라 네 손에서 둘이
하나가 되리라

- 에스겔 37장17절 -

남북의창

양평 가는 길

양평 가는 길이었다.

보랏빛 쑥부쟁이가 다발 꽃으로 흩뿌려져 피어 있고 갈꽃은 은빛으로 넘실거렸다. 밤중엔 가을비라도 내리려는지 하늘은 은회색 파스텔화를 그려 놓은 듯 살풋이 내려앉은 오후였다.

햇수로 삼 년 전에 써놓은 변변치 않은 책 한 권을 마무리하러, 친절하신 윤 집사님의 배려로 이름이 '낙원'인 콘도에 가는 길, 할 일도 많은데 웬만하면 굶지 싶어 된장양념에 상추 두 근 넣어 가는 길이었다.

가을걷이가 얼추 끝난 밭에는, 누렇게 익은 벼 이삭 사이에서 걸어 나온 허수아비마냥 비쩍 마른 촌로 한 분과 아내로 보기엔 좀 젊다 싶은 아낙네가 들깻단을 털고 있었다. 구수한 들깨 냄새가 좋아 가까이 가 고개를 숙였더니,

"들깨야요, 털고 있세요."

맘씨 좋아 보이는 아낙이 말했다.

가벼운 눈인사를 주고받은 후 고추를 좀 살 수 있겠느냐고

물었더니 얼마든지 따 가라는 거였다. 푸른 고추 한 움큼에 탐
스레 익은 붉은 고추 몇 개를 따 넣었다. 붉은 고추 따라는 허
락은 안 받았으니 따지 말라는 남편의 충고가 마음에 걸려 아
낙에게 말했다.

"저어 붉은 거 몇 개 땄는데요, 이뻐서요……."

괜찮다는 넉넉한 웃음이 아낙의 입가에 퍼져 흘렀다.

굳이 돈 같은 거 필요 없다는 만류 때문에 가까운 구멍가게
에 가서 음료수 몇 병을 사다 드렸다.

'때를 얻든지 못 얻든지 주의 말씀 전하자'는 신조로 사는 남
편이 은근한 어조로 물었다.

"예수님 믿으십니까?"

"에구메, 우리 내외 집사예요, 서울서 아버님 일 거두러 왔쎄
요, 노인네가 혼자 되셔서요, 그을세 이 농사 다 지으시니 어찌
가만 있겠쎄요. 올여름에도 이 넓은 밭 다아 김맸세요.

묻지도 않은 얘기가 술술 나오는 거였다.

저 건너 칠순에 혼자 되셨다는 할아버지께서 구부정한 허리
로 뭔가를 열심히 주워 담으셨다.

"그래, 아버님도 교회에 다니시나요?"

"에구메, 무식한 늙은이 교회가면 뭐하냐고 안 다니신데요."

전도사라고 소개하자 아낙은 이마에 고인 땀을 소매 끝으로
씻어내며 깊숙이 인사하는 거였다. 붉은 화초 호박덩이 선물과
함께.

주님은 무식한 자를 택하여 스스로 지혜롭다 하는 자를 부
끄럽게 하시는 분이란 걸 언제쯤이나 저 할아버지께서 아시게

될까.

• •

사랑의 주님. 스스로 무지하다하는 자를 오히려 지혜롭게 하시니
감사드립니다. 그들이 무지함으로 인하여 낙망치 말게 하시고
하나님을 아는 것이 지혜의 근본임을 알게 하소서.
예수님의 이름으로 기도합니다. 아멘

접시에 담은 사랑

저녁 시간을 지나 밤으로 이울어져 갈 즈음, 바로 앞집에 사시는 진교영 성도님께서 눈처럼 새하얀 면양말 세 켤레를 가지고 교회에 오셨다.

"전도사님, 양말이 맞을지 모르겠어요."

"양말에 사이즈가 있나요? 저한테 꼭꼭 맞을 겁니다."

기실, 전도사님의 발에 양말 크기가 맞을지 걱정이라기보다는 쑥스러운 마음에 선뜻 할 말이 없으신 터였다. 남편은 뜻하지 않은 선물에 기쁨이 넘쳤다.

물론 선물 받은 즐거움도 크겠지만, 더욱 감격스러운 것은 맹숭맹숭했던 그의 마음에 사랑의 불씨가 피어오르고 있음을 보았기 때문이리라.

얼마 전 귀여운 두 아들, 형원이와 형록이를 데리고 이신희 자매님이 수줍게 예수사랑교회를 찾아오셨다. 개구쟁이 두 녀석이 설교시간마다 눈치 보여 몇 번 나갔던 교회를 쉬는 중(?)이라 했다.

조용하고 성실한 성품대로 기도하면서 교회에 대한 애정이 자라가는 듯하더니 몇 주 전 남편과 함께 예배를 드리게 되었다. 머쓱한 표정으로 부인 곁에 앉아 '사업하는 사람에게는 사업에 성공한 사람이 가장 위대해 보일 뿐'이라며 '노력과 의지'를 강변하시던 '더불기계' 사장님, 그분이 바로 진교영 성도님이다.

그렇게 두세 주를 아내와 전도사님의 강권에 못 이겨 끌려오시더니 교회를 향한 사랑의 대로가 뚫린 데는 조그만 사건(?)이 있었다.

일전에 사택에서-교회가 곧 사택이지만- 채소 부침을 한 적이 있었는데 제법 맛깔스러워 담하나 사이인 형원네 집에 갖다 주기로 했다. 그런데 남편이 굳이 직접 가겠다며 음식을 담은 접시를 들고 찬송을 흥얼대며 다녀왔다. 그러자, 십 분도 채 안 되어 맹물 같던 진교영 성도님이 달콤한 포도와 나긋나긋한 인절미를 접시에 담아 오셨다. 서로의 접시에 사랑과 애정이 듬뿍 담겨 있었음은 두말할 나위도 없다.

보기만 해도 포근포근한 감촉이 느껴오는 순백색 면양말, 송알송알 맺은 포도와 부드러워 입안에서 살살 녹은 인절미……. 이 모든 것보다 더욱 풍성하고 아름다운 삶이 주님 안에서 영원하기를 기도드림은 양말이나 포도 때문만이 아님을 주님은 잘 알고 계시리라.

．．

사랑의 주님, 진정 감사드립니다. 주님을 알고는 있으나 믿지 않는 영혼들을
사랑으로 보살펴 주옵소서. 그로 인하여 우리 믿는 이들이 먼저
주님의 향기를 날리게 하옵소서.
예수님의 이름으로 기도 합니다. 아멘

접시에 담은 사랑

내 친구 재영이

며칠 전, 나의 오랜 친구 재영이가 멀리 광주에서 소포를 보내왔다.

바쁘다는 핑계로 마음을 쏟아 놓은 편지 한 장 써 보내는 일이 무척이나 어려웠던 터라, 일주일에 한 번씩 보내는 주보 한 장으로 재영이는 나의 생활이나 마음을 짐작하고서 때로는 염려로, 때로는 기쁨으로 전화를 하곤 했었다.

정성스레 싸여진 꾸러미 안에는 매혹스러움을 풍기는 멋진 속옷 한 벌과 우표 삼백 장이 들어있었다.

이런 편지와 함께…….

'중년의 주부에게 매주 우편물이 배달된다는 것만으로도 가슴 벅찬 기쁨인데 예수사랑교회의 사랑의 소식, 하나님의 말씀, 사모 단상들은 나의 기다림이며 행복입니다. 작은 정성이지만 큰 기쁨을 나누는데 보탬이 되었으면 하는 바람으로 우표를 보냅니다. 하나님께서 지극히 사랑하시는 예수사랑교회가 날로 성장되길 기도합니다.
92.12.28. 김재영.'

또 하나 장미꽃이 소담스레 다발을 이룬 조그만 카드에는
'너를 주신 하나님께 감사한다'는 내용과 함께 '이거 입고 더욱
돋보였음 좋겠다'는 바람이 적혀 있었다.

십 개월 된 예수사랑교회의 지난 날과 묵은 해의 시간들이
사뭇 아쉬워, 마음 우울하던 때 주님께서 나에게 보낸 위로의
메시지였다.

재영이는 내가 사랑하는 친구이다. 동그란 눈매와 작고 예쁜
입매를 지닌 재영이는 고교 시절 학급에서 예쁜 친구를 뽑는
다섯 손가락에 늘 끼곤 했었다.

이학년 때 서울로 전학한 재영이와 나는 하루가 멀다 하고
서로에게 편지를 썼다.

지금 생각하면 웃음이 나오는 고민이지만 사랑니를 앓던 그
시절엔 꽤나 심각하게 인생을 토론했었다.

깨알 같은 글씨로 대여섯 장씩 보내온 편지는 야간학습으로
지쳐 돌아온 나에겐 큰 기쁨이었고 밀린 공부를 잠시 제쳐둔
채 창밖의 새벽별을 바라보며 답장을 쓰곤 했었다.

내가 풋내기 대학생일 때 재영이는 시집을 갔다.

어느 날 예고도 없이 불쑥 찾아온 그 애는 시집가기 싫다며
밤새워 울었고 나는 제법 어른스레 달래 보냈었다.

재영이의 결혼을 축하하기 위해, 태어나서 두 번째로 밟은

서울 땅은 연착한 기차를 기다리는 마중객들로 붐비고 있었고 발이 시리게 추운 날씨였다.

반갑게 맞이하는 재영이 손엔 푹신한 털 부츠가 들려있었고, 뾰족구두를 신고 간 내 발에 따뜻할 거라며 신겨 주었다.

그 애가 시집가던 날은 아직도 기억에 생생하다.

소녀티를 채 벗지 못한 그 애는 신랑의 팔을 꼬옥꼭 끼고서는 하얀 면사포 너머로 웃고 있었다.

믿음직스런 신랑을 보니 염려는 붙들어 매도 좋을 성 싶었다.

재영이는 광주에서 내로라하는 종갓집 맏며느리가 되었고 직장 따라 멀리 계신 시어머님이 두고 간 코흘리개 세 도련님을 부모처럼 돌보았다.

전주에서 광주까지는 고속버스로 한 시간 반 거리였던 터라, 난 가끔 재영이의 생활을 엿볼 수 있었다.

쉴 틈이 없는 집안일로 불평이 적잖았을 터인데도 그 애는 한 번도 불평을 해 본 적이 없었다.

내가 찾아가는 날은 재영이의 화려한(?) 외출이 있는 날이었다. 충장로에는 둘이서 잘 가는 클래식 음악감상실이 있었는데 베토벤의 두상이 전면에 걸려 있던 그 집은 늘 홍차 향이 그윽했고 우리는 소파에 깊숙이 앉아 몇 시간이고 음악을 들었었다. 아무 말 없이……

한 남편의 아내로, 한 아이의 엄마로, 종갓집 맏며느리로 고통도 많고 할 말도 많았을 터이겠지만 학비 벌며 대학 다니는 친구에게 자신의 고민을 얹어 주고 싶지 않았던지 사는 게 어떠냐는 질문에 그저 웃기만 할 뿐이었었다. 일찍이 집안 살림에 묻혀 버린 그 애는 내가 가져오는 축제이야기며 친구이야기며 음악이야기를 재미나게 들어주었다.

세 아이의 엄마가 된 뒤, 이제야 간간히 들려주는 지난 날의 시집살이 이야기는 조가비 속의 모래알이 진주가 되는 것 같은 영롱한 고통을 추억으로 담고 있다.

내 친구 재영이.

기쁨을 제일 먼저 전하고 싶은 친구.

남자도 갖기 어려운 친구를 가졌다며 남편은 부러움 반, 칭찬 반이다.

내가 무척 가난했던 시절, 도와주어 고맙다는 내 말에 그 애는 내 손을 꼬옥 잡으며 말했었다.

"내가 너였다면 너도, 나에게 이렇게 했을 거야."

. .

사랑의 주님, 언제나 동행할 수 있는 친구를 주심을 감사합니다..
사랑의 주여, 또한 예수님이 곧 나의 친구 되심으로 인하여 감사드립니다.
예수님의 이름으로 기도합니다. 아멘

마음 비움

배가 고파야 마음이 비워지나 보다. 알만한 정치인들이 특허 맡은 양 잘 쓰는 말 중의 하나가 '마음을 비우겠다'는 것인데, 그분들께 진정으로 권하고 싶은 것은 며칠 진짜로 굶어 보시라는 거다. -주스 같은 거 살짝궁 마시지 말고-

웬일인지 요즈음 무릎이 뻣뻣하기가 잘 마른 장작 대기 같아서 도무지 무릎 꿇기가 어려운 터였다. 바쁘다는 핑계로 식사할 때의 기도 외에 길 가다가, 또는 버스 안에서 '주님 아시지요.' 하는 게 고작이었다. 그러다 보니 바쁘긴 바쁜데 하는 일이 없는 것 같아서 허망해지고, 분주한 마음에 늘 마음이 조급했다.

'마음 비움'하고는 영 거리가 멀어져서 이건 이래서 꼭 해야 하고, 저건 저래서 그렇게 되어야만 한다는 식의 내 계획과 욕심과 의지로 마음이 그득해진지라 도대체 영혼이 무겁기만 했다. 그래서 금식하기로 마음먹었다.

처음 주님의 사랑을 알았던 때는 금식을 밥 먹듯 했었다. 갈급한 마음, 주님을 사모하는 마음, 도마처럼 예수님을 직접 만져보고 싶은 마음, 그분을 뵙고 싶은 마음, 천도하고 싶은 마음, 사랑하고 싶은 마음, 용서하기를 바라는 마음, 기쁜 내일을 바라는 마음…….

이 모든 마음들 위에 주님은 차곡차곡 응답하셨다.

어떤 목사님께서는 금식이 뭐 도깨비 방망이냐고, 쓸데없이 굶지 말고 배 뚜드려가며 잘 먹고 부르짖어 기도하라고 강변하신다. 옳으신 말씀이다. 그러나 배부르면 감사가 끊어지고, 마음이 비워지지 않으니 어떡하랴.

또 그렇게 말씀하시는 분은 주림 가운데 예수님을 만나는 그 황홀함의 경지를 아직 느껴 보시지 못한 분임에 틀림없다.

가끔 굶어 볼 일이다. 그런데 더욱 중요한 것은 단순히 굶는 것이 아닌, '주님을 향한 마음'이 함께 있어야 한다는 것이다.

예수님께서 우리를 위하여 이 땅에서 주리시고 목마르심으로 인하여 우리가 풍요를 누리고 있음을 알고, 행여 내 이웃 중에 배고픈 이 없는지 돌아보는 마음, 이것이 더욱 중요한 것이다.

그러면, 주님은 이렇게 말씀하신다.

나의 기뻐하는 금식은 흉악의 결박을 풀어 주며 멍에의 줄을 끌러주며 압제 당하는 자를 자유케하며 모든 멍에를 꺾는 것이 아니겠느냐

- 이사야 58장 6절 -

마음비움

사랑의 주님, 제 마음에 분주함과 욕심과 이기심과 질투와 다툼과
소란스러움이 가득할 때마다 광야에서 주리신 예수님과
십자가에서 목마르신 예수님을 생각하게 하옵소서.
예수님의 이름으로 기도합니다. 아멘

네가 뭔데 날 바라보느냐

몇 주일 전 D일보의 한구석을 차지한 기사 한 토막이 아직
껏, 깊은 충격으로 남아 여러 가지 생각을 던지고 있다. '네가
뭔데 날 바라보느냐'는 이유 하나만으로 상대에게 폭행을 가한
어느 청소년에 관한 이야기였다.

이 세상에는 서로 사랑하지 못하게 하는 많은 것들이 있지
만, 그 중 하나가 '다 소용없어'라는 자조적인 생각이다. 소용없
다 함은 너와 난 상관없다는 것이다. 상관없다함은 바랄 것이
없다는 것이며, 바람이 없다함은 소망이 없다는 이야기이기도
하다.

자식은 키워놓아 제 갈 길 가면 그만이고, 부부도 돌아누우
면 남보다 나을 게 없고, 형제도 결혼해서 제각기 살림 차리면
각자 살기 바쁘고, 학생은 졸업하면 그만이고, 이웃도 이사 가
면 그것으로 끝나는 거고, 교회는 맘 상하면 그저 옮기면 그만
이고, 어렵다고 도와주면 맨날 그 모양이니 나중엔 지칠 게 뻔
해서 미리 그만두고……

그저 맘 편한 것은 내 몸 하나 추스르며 남에게 해 안 끼치고 살면 그만이지, 부대끼고 고민할 게 뭐 있느냐, '별 볼 일 없다'는 생각인 것이다.

　그런데 예수님께서는 우리를 향하여, '바라볼' 것을 당부하신다. '믿음의 주요 또 온전케 하시는 이인 예수를 바라보자'-히브리서 12장2절 고 하셨으며, '하나님의 날이 임하기를 바라보고 간절히 사모하라'-베드로후서 3장12절, '새 하늘과 새 땅을 바라보도다'-베드로후서 3장13절, 라고 말씀하신다.

　예수님은 곧 기쁨이며 사랑이시고, 다가올 새 하늘과 새 땅은 우리 믿는 이들의 궁극적 소망이기 때문이다. 이제 우리는 서로를 '바라보자.'

　'바라본다'는 것이 해를 입는 세상이 결코 되어서는 안 된다.

　자식은 부모를, 부모는 자식을 사랑하는 눈으로 지켜보고 부부는 서로의 눈을 그윽이 응시하며, 행여 이웃 중에 어려운 이 없나 살펴보고, 성도는 목사님을 사모하고 바라보며, 목사님은 성도 중에 방황하는 이 없나 살펴 기도해야 할 일이다.

　이보다 더욱 중요한 것은 '예수님'을 바라보는 것이다.

　우리를 온전케 하시는 이, 예수를 바라볼 때 이 세상은 사랑으로 충만하여질 것이기 때문이다.

사랑의 주님, 우리의 삶 가운데 서로를 사랑으로 바라보게 하옵소서.
그로 인하여 끊임없이 주님을 바라보는 마음을 갖게 하옵소서.
예수님의 이름으로 기도합니다. 아멘

네가 뭔데 날 바라보느냐

치유는 사랑으로만

어떤 분으로부터 참 놀랍고도 신기한 이야기를 들었다.

세계에서 가장 큰 교회라 일컬어지는 우리나라 목사님의 치유 안수를 받으려면 적어도 큰 병원의 특실에 입원해 있어야 하고 또 쟁쟁한 빽(?)이 있어야 어렵게 모실 수 있다고 했다. 오시는 그날이 곧 기적의 날이라 했다.

예수님께서 아시면 어떻게 말씀하실까······.

요상한 이단들이 '들림' 받는다고 땅정리, 집정리, 통장정리하고 울부짖으며 방방 뛰던 그 시간에 ○○○기도원에서는 세계적인 전도자 'DG' 목사님의 말씀과 신유집회가 밤새 열리고 있었다.

어저께나 오늘이나 영원토록 불변하시는 하나님의 능력이 그득해져서 귀먹은 이가 듣게 되고, 말 못하던 이가 '할렐루야'를 외치며, 암환자가 고침을 받고, 에스자로 척추가 굽어 평생을 통증으로 고생하던 자매님이 고침을 받았다.

이 모든 기적들이 머리로 믿던 나에게 큰 충격으로 다가왔거니와 더욱 놀라운 것은 한 사람, 한 사람의 영혼을 지극히 사랑하시는 G목사님의 지극한 마음이었다.

난 평소에 안수에 대한 생각이 그다지 곱지 않았었다.

여름날 수박 고를 때도 신중하게 이리저리 두드려 보는 것인데 하물며 성도의 머리를 짚고 간절히 기도해야 할 그때 꾹꾹 누르고 척척 지나치는 목사님의 재빠른(?) 안수에 은혜보다는 허망함이 더 앞서 예수님께서 직접 하시는 안수만 받아야겠다고 생각해 왔던 터였다.

예수님께서 이천 년 전에 병자를 고치실 때 척척 누르고 반짝 지나치셨던가.

아니지 싶다.

주님은 항상 진지한 관심을 보이시고 지극한 사랑과 긍휼을 보여 주셨다. 치유하는 능력의 근본은 사랑임에 분명하다. 예수님께서 우리를 사랑하셨던 그 사랑, 영혼을 사랑하는 그 마음…….

G목사님께서는 어린아이까지도 깊이 있는 영적 기도와 함께 일일이 안수하심으로써 금요일 저녁 집회가 토요일 아침 8시가 넘어서야 끝을 맺었다.

모두를 향한 예수님의 사랑으로…….

이천 년 전에 마음의 병, 육신의 병을 치유하신 주님 감사합니다.
오늘도 변함없이 우리를 사랑하시고, 우리를 치료하여 주시니
진정 감사드립니다. 치유의 주님을 찬양합니다.
예수님의 이름으로 기도합니다. 아멘

존 스토트 목사님

며칠 전 참으로 가까이서 '존 스토트' 목사님을 뵈올 수 있었다. 세계적인 복음주의자로서, 영국의 명설교가이며 저술가로서 모든 이에게 널리 알려진 그분은 한국에 소개된 저서만도 40여 권이 훨씬 넘을 정도지만 이웃집 맘씨 좋은 할아버지처럼 사랑이 풋풋하게 내비치는 모습을 하고 계셨다.

개신교계의 영적 지도자로서, 교황에 버금가는 칭송을 받을 만큼 훌륭한 분이신데도 로마교황이 갖는 화려함과는 거리가 먼 분이셨다.

그분은 찬란하고 위엄이 넘치는 법의 대신 유행이 한참 지나버린 빛바랜 콤비양복을 입고 계셨고, 그분이 가는 곳엔 줄지어 선 카메라맨이나 취재기자의 웅성거림도 없었다. 여느 사람이 입을라치면 시골티가 줄줄 흐를 것 같은 색 바랜 윗저고리는 그분의 새하얀 머리칼과 날씬한 체격, 사랑이 깃든 깊은 눈빛으로 촌스러움이 자연스레 녹아들어 전혀 초라하지도 어색하지도 않은 거였다.

칠순이 훨씬 넘도록까지 독신으로 지내신다는 그분은, 대서양의 광활한 바다에서 밀려오는 파도가 창가에 부서지는 절벽 밑 오두막집에서 호롱불을 밝힌 채 저작에 몰두하신다는 거였고, 자연을 사랑하시는 그분은 특별히 새를 좋아하신다고도 했다.

온몸에서 검약과 성실, 예수사랑이 스며 나오는 그분의 온유함 안에는 예수 그리스도의 유일성을 설교하는데 발산되는 정열과 가슴 뜨거움이 동시에 자리하고 있어서 그분의 설교를 듣노라면 내 안에서 깊은 감동이 소용돌이침을 느낄 수 있었다.

한국에 처음 오신 스토트 목사님께서는 크게 두 번 놀라셨다고 한다.

우선은, 자신의 허락 없이 출간된 해적판 번역서가 너무 많아서이고, 다음으로는 한국의 화려함 때문이었다 한다.

그분의 숙소로 지정된 H선교회관의 게스트 하우스는 3층짜리 빌라라는데 서민으로서는 그 화려함이 상상키 어려운 정도여서 '왜 이렇게 화려해야 하느냐'고 여러 번 물으셨다는 거였다. 그분을 만나 뵌 그날, 우리나라에서 손꼽히는 R호텔의 화려한 중국요리로 마련된 점심식사를 그분은 극구 사양하셨다.

이유는 아침식사를 많이 했기 때문이라 하셨지만 기실, 그분의 식사는 늘 하루 한 끼라고 했다.

이 세상에서 굶주려 죽어가는 사람들을 위하여 두 끼 식사는 그들의 몫으로 남겨 둔다는 의도에서임은 그분의 주변에서 알 만한 사람은 다 알고 있는 사실이다.

예수님께서는 누구든지 거듭나지 아니하고는 결단코 하나님 나라에 들어갈 수 없다고 말씀하셨다. 누군가 말하기를 '거듭남'에는 외적으로 드러난 변화와 내적 변화가 있다고 하였는데 충분히 공감할 수 있을 것 같다.

기적을 행하여 병자를 고치고, 언변이 좋아 성도들 호주머니 훑어내는(?)데 특별은사를 받았다는 어떤 분들은 외적 은사로 이적은 행할지언정, 내적으로 거듭난 성품을 발견하기엔 좀 부족하다는 얘기를 종종 듣는다.

승용차에 기대어 앉아 성도를 하인 부리듯 폼 재는 목사님들 때문에 들리는 얘기이지 싶다.

우리 모두 '거듭남으로' 하나님 나라에 들어가길 소원한다. 그러기 위해서는 마음 깊숙한 곳에 예수님을 모시고, 겉치레보다는 내면을 충실히 하는 마음의 자세를 가질 일이다.

건물 한 모퉁이 대리석 값만으로도 웬만한 개척교회하나 세울 만큼 건축비가 많이 들었다는 C교회의 웅장함을 배경으로 기념촬영을 제안 드렸을 때 겸손하지만 단호하게 거절하시던 스토트 목사님의 모습이 아직도 내 마음에 강렬한 도전을 던지고 있다.

스토트 목사님은 말씀하셨다.

"사람이 숨을 쉬고 있다고 해서 살아있는 것은 아닙니다. 서로 사랑하지 않으면 그것은 죽은 자와 다름없습니다. 하나님은 사랑이기 때문이지요."

존 스토트 목사님

. .

사랑의 주님, 우리의 마음과 우리의 삶 위에 '거듭남'의 은혜를 주옵소서.
이로 인하여 겉으로 드러난 것만을 지나치게 의식하기보다는 속으로 내재된
충실함과 아름다움과 숨겨진 멋을 찾아낼 수 있는 지혜로운 눈과 마음을
허락하옵소서. 예수님의 이름으로 기도합니다. 아멘

누가 더 높지?

교회가 있는 우리 마을은 전형적인 주택가인 만큼 그만그만한 아이들이 많다.

옆집 아이 지혜는 사교성이 좋아 또래 친구가 많은 터라 주변을 떠들썩하게 하며 동네에 생기를 더한다.

며칠 전엔 지혜를 비롯해 또래 아이들 셋이 집으로 놀러 왔다. 평소 동네 아이들의 대장 격인 남편의 인기(?) 때문에 놀이 주문이 많은 편이다. 그런데 꼬마손님을 맞이하고 보니 아이들을 즐겁게 해 줄 과자 부스러기 하나도 없는 것이었다.

문득 생각해낸 것이 썩 잘 그리곤 했던 나의 만화 그림솜씨였다. 예닐곱 여자아이들이 좋아할 공주님 그림은 나의 자랑거리이기도 해서, 핑크빛 왕관도 쓰고 드레스도 곱게 차려입은 공주님 셋을 각각 선물했다.

"어마야! 나도 이렇게 이뻤음 좋겠다이!"

"그래? 너희도 그렇게 될 수 있단다. 하나님께 기도해보렴."

"하나님요? 우리 할머닌 부처님 믿어야 된다던데요."

"하지만 하나님이 부처님을 만드셨는데……, 그럼 누가 더 높지?"

"하나님이요!"

세 아이가 제비처럼 입을 모은다.

"와, 똑똑하다. 그래, 그러니까 하나님을 믿어야지."

"그렇게 말하믄 우리 아빠한테 '끽'해요."

TV에서 보았는지 두 손가락을 칼처럼 목에 갖다 대며 지혜가 엄살을 떤다.

"음, 그럼 아빠 앞에서 이렇게 기도해 보는 거야. 눈을 꼭 감고 무릎을 예쁘게 꿇고서, 하나님 감사해요. 우리 엄마 아빠 건강하게 해 주시구요, 맛있는 것 주셔서 감사하구요, 지혜가 부모님 말씀 잘 듣는 착한 어린이가 되게 해 주세요. 예수님 이름으로 기도합니다. 아멘!"

"야아. 그럼 나도 해 봐야지!"

폴딱 일어난 혜연이가 등을 구부리고 손바닥을 연신 비벼대며 기도를 했다.

"하나님, 우리 할머니 병 낫게 해주시고요……."

"혜연아, 그게 아니고 무릎 꿇고 예쁘게 앉아서 하는 거야."

"우리 할머닌 이렇게 해요, 절에 가믄요!"

"아니야, 날 따라 해보렴."

세 아이가 내가 그려 준 공주님 그림을 나란히 앞에 놓은 채, 짝지은 운동화처럼 앉았다.

"예수님, 지혜 지연이 혜연이를 여기 그려진 공주님처럼 예쁘게 자라나게 해주시고요, 착한 아이가 되어서 부모님 말씀

잘 듣고 하나님을 사랑하는 아이들이 되게 해 주세요. 예수님의 이름으로 기도하였습니다. 아멘."

세 명의 요정들이 예쁜 입으로 종알거렸다.

"아멘!"

"나도 교회에 다니고 싶어요. 기도하면 이 공주님처럼 되는 거죠?"

"그으럼, 그렇고 말고!"

해맑은 세 아이의 모습 속에서, 어린아이와 같은 믿음을 칭찬하신 예수님의 말씀과 인간 본연의 아름다움을 발견해 내고는 적당히 이론적이고 합리적인 내 모습을 돌이켜보았다.

"안녕, 안녕!"

돌아가는 아이들의 잔등에 햇살이 부서져 내렸다.

● ●

사랑의 주님, 어린 심령들 위에 주님의 사랑을 아는 은총을 내려주소서.
그로 인하여 우리로 하여금 어린아이와 같은 마음을 소유하는 것이
하나님 나라에 가는 길임을 알게 하소서.
예수님의 이름으로 기도합니다. 아멘

사랑스런 바보

'사모단상-斷想-'이란 미숙한 글을 예수사랑교회의 주보에 몇 편 써 올리는 가운데, 그렇잖아도 사물에 대해 예민한 나의 감성이 요즈음은 여러 갈래 생각으로 다양하다.

주님께 죄스러운 마음.

주님을 사랑하는 마음.

새삼스레, 사랑하는 사람이 더욱 귀해지고 소중한 마음.

좋은 이웃에 감사하는 마음.

제라늄의 붉은 빛에 행복해지는 마음.

저녁나절 소슬한 바람결에 상큼한 마음.

이 모든 마음 위에 더욱 날 감격하게 하는 것이 있다.

다름 아닌 '경아 자매'의 새움처럼 돋아나는 아름다운 믿음이다.

내가 처음 경아 자매를 만난 것은 햇수로 오 년 전의 일이다. 지적인 탐구로 눈이 빛나고 안정감 있게 내려앉은 모습엔 나이에 어울리지 않는 겸손이 오히려 교만으로 보이는 매력적인 아

가씨였다. 그런 경아를 바라보면 학창시절의 내 모습을 보는 듯
하였다.

그 때 나는 자신의 삶에 열중하며, 보이는 것마다에 의미를
부여하고 고민해 보는, 그러면서도 늘 무엇인기를 그리워하고
못 다 이룬 것이 있는 듯 초조해 하고 고독해 했다. 그런데도 난
여전히 자존심으로 나 자신을 무장한 채 주님을 내 안에 모셔
들이지 않은 채였다.

채플시간에는 뒷자리에 앉아 기업화된 교회를 신랄하게 비
판하고 싸움질하듯 큰소리로 설교하시는 학장목사님의 연설
(?)을 조목조목 비난했었다.

그런 내가 갖가지 인생의 시행착오 속에서 주님을 만나게 되
었고, 내 마음의 문 앞에 사랑 섞인 기다림으로 서 계셨던 주님
을 향하여 마음의 문을 활짝 열었던 그 날, 난 끝없이 목놓아
울었었다.

그 사랑이, 예수님의 사랑이 너무도 귀해서 경아에게 전하고
또 전했지만 그 애는 옛날에 내 모습인 양 그저 똑똑한 질문으
로 날 당황하게 하곤 했었다.

그랬던 그 애가……

이제는 예수님을 만났고, 그 분을 마음 안에 모셔 들였다. 그
리고는 그 벅찬 사랑을 가눌 길 없어, 오래 전 내게 하던 자신
의 모습 그대로, 마음 문을 꼭꼭 닫아걸은 친구에게 소중한 시
간을 아낌없이 내어주고는 오히려 기도하며 즐거워하는……
아름답고 사랑스런 바보가 되었다.

사랑스런 바보

사랑의 주님, 우리의 영혼이 날마다 주님 보시기에 아름답게 자라가게 하시니
감사하나이다. 그로 인하여 우리의 이웃에게 그 아름다움을
전하게 하옵소서. 예수님의 이름으로 기도 드립니다. 아멘

실수투성이, 우리들

이월 셋째 주면 예수사랑교회가 이 땅에 선 지 첫돌이 되는 날이다. 이름에서 풍겨 나오듯 예수님의 '따스한 사랑'을 전해 보고자 노력했지만 일 년을 뒤돌아보면 아쉬운 점도 없지 않다. 하지만 예수사랑교회를 방문한 사람이면 누구나 이구동성으로 하는 말이 있다.

"어쩌면 이렇게 따뜻해요, 사랑냄새가 나는 것 같애요."

"예쁜 찻집에 있는 것처럼 아늑하고 편안해요"라고…….

핑크빛 카펫이 깔린 넓지 않은 예배실, 조그만 강대상 그 옆에서 조화를 이루는 행운목의 넓은 잎, 은은한 빛의 조명등, 그 가운데 우리를 내려다보듯 서 있는 예수님의 십자가…….

이 모든 것 위에 더하여지는 성도들의 교제는 늘 아름답다.

우리 내외는 작년 첫 시작의 몇 날을 금식으로 주께 드리며 '예수사랑교회'의 태동을 위하여 기도했었다. 주님은 여러 손길을 통하여 응답하셨고, 특별히 H집사님 내외분은 예수사랑교회가 이 땅에 서는데 태동멤버가 되셨다.

그분들은 삼 일 동안 금식하며 주님께 뜻을 물었고, 주님은, 헌신하라는 명령을 이사야서를 통하여 밝히 말씀하셨다 한다. 신앙의 연조가 깊기는 하지만 여러 개척교회를 다니시면서 신앙노선이나 교회건축문제로 많은 상처를 입으신 터라 기존교회에 대한 거부감이 많아 보이시는 듯했다.

하지만 그분들이 가지고 계신 성실성과 H집사님의 은사를 전도사님께서는 각별히 아끼셨고 신학공부를 할 수 있게 해야겠다고 늘 말씀하시곤 하셨다. 멀리 왕십리에서 과천까지는 2시간 거리였는데도 두 분은 예배시간 전에 어김없이 도착하여 든든하게 성전을 지키셨다. 전도사님과 나는 집사님 내외가 계신 것만으로도 늘 마음이 꽉 찬 것 같아서 주님께 깊이 감사하곤 했었다.

작년 십일월 경, 예수사랑교회가 활기차게 성장해갈 무렵이었다. 그분이 총무로 속해 있던 I선교회에서 농어촌교회를 돕는 일환으로 부흥회를 할 계획이니 농촌교회를 추천해달라는 부탁을 하셨고 전도사님께서는 어떤 시골교회를 추천하셨다. 그 교회의 사모님은 장애인 선교회에서 4년 동안 헌신하셨는데 우리가 늘 기도대장이라고 부를 만큼 기도 생활에 충실하셨다. 그러던 중 혼자되신 목사님과 결혼을 하셨고 재정적인 어려움을 겪고 계신 터였다.

그런데 이것이 잘못된 결과를 낳고 말았다. 부흥회가 있었다는 주일 후 연이은 주일을 집사님은 교회에 나오지 않으셨고 전화를 드렸더니 굳어진 목소리로 시골에 다녀왔다는 거였다. 좀 이상한 느낌이 들어 내외분이 같이 다니는 회사로 심방을 했다. 찻집에서 만나 이야기를 나누어 본즉 기상천외한 오해를 품고 계신 거였다.

사연인즉, 전도사님이 추천한 교회가 엉망으로 병들어 있다는 거였다. 사모님은 바람이 나서 도망가고 성도는 한명도 없으며, 목사님은 입에 담지 못할 욕설로 사모를 욕하더라는 것이었다. 그런 꼬락서니를 보니 기독교 자체에 회의가 올 뿐 아니라 몹쓸 교회를 추천해 주어 자신의 얼굴을 엉망으로 만들어놓은 전도사님이 원망스럽다는 거였다. 어쩌면 내막을 알고 계시면서 그럴 수 있느냐는 항변이었고 아무도 믿을 수 없다는 결론이었다.

그냥 쉬고 싶다고 하셨다. 딱딱하게 굳어진 집사님의 표정을 보면서 하늘이 내려앉은 기분이었고 열어 보일 수만 있다면 가슴을 좌악 열어 보이고 싶었다.

전혀 모르는 일이었다. 단지 교회를 방문하신 사모님을 몇 번 뵈었을 때 안부인사를 나눌 뿐이었고 H집사님이 그곳에 내려가시기 전날 전화를 걸어 잘 부탁한다는 통화만을 간단히 한 터였다. 그곳 목사님께서는 부흥회가 잘되어가고 있다고 틀림없이 말씀하셨다. 남편은 답답했던지 눈시울이 젖어 있었고 진실은 언젠가 밝혀 질 거라고만 말했다.

나는 마음을 가눌 길이 없었고 남편 모습이 애처롭기도 해서 "집사님, 그 어느 누가 오해를 해도 집사님만은 믿어주실 수 없었나요? 그런 믿음으로 좀 더 일찍 말씀해 주셨다면 이렇게 불신의 골이 깊어지지 않았을 텐데요……."

사모는 침묵해야 은혜스러울 터인데 좀 똑똑한 소리를 하고

실수투성이, 우리들

말았다.

부흥회가 있기 전 여름성경학교를 돕기 위해 집사님 내외분이 그 시골 교회에 가신 적이 있었다.

다녀오신 후 부인 되시는 집사님께 안부를 물었더니 그 교회 사모님이 자기를 언제 보았다고 첨 본 사람 붙들고 시집 잘못 왔다며 신세 한탄하더라는 것이었다.

주일 식사준비로 바쁘기도 하고, 평소 남의 잘못된 점을 족집게처럼 잘 집어내는 성격을 익히 아는 터인지라.

"그분은 그럴 분이 아니예요."

라고 잘라 말했었다.

이것이 또한 큰 상처가 되었었나보다. 자신의 말을 무시했고 그때부터 이미 상황을 알고 있으면서도 고의적으로 숨겼다는 거였다. 남의 험담을 막아야 한다는 뻣뻣한 생각에서 경험이 적은 나는 융통성 없이 행동하는 실수를 하고 만 거였다.

지난 날 감정까지 작용하여, 나에 대한 반감도 적지 않은 듯했다.

그래서 H집사님 내외분은 예수사랑교회에 발길을 끊으셨다.

나중에 시골교회 사모님을 만나본 결과 어떤 문제로 그 부흥회 기간 동안에 40일간 금식을 하고 계셨다 한다.

그분들을 생각할 때마다 마음이 아파서 기도해 오던 중 새해가 시작되는 첫날 찾아뵈었다. 여전히 머쓱한 모습이었지만 우리 내외는 진실함을 가지고 같이 기도 드렸다.

마음 깊숙한 곳에서 우러나오는 사랑과 이해의 마음은 형용할 수 없이 벅차올랐고, 주님이 주시는 마음인 것 같았다.

살다보면 터무니없는 오해로 사랑의 관계가 깨질 수 있다. 사탄은 서로 사랑하지 못하도록 늘 참소하기 때문이다.

그런 때마다 넓은 마음, 뜨거운 가슴, 예수님을 바라보는 마음이 필요하다.

그리고 실수투성이인 사람의 일을 생각하기보다는 교회 안에 계신 주님을 바라보아야 한다.

우리는 지금도 H집사님 내외분이 다시 오실 날을 위하여 기도하고 있다.

. .

이 세상에서 서로 사랑하지 못하게 하는 모든 악한 것을 이길 수 있는 힘을
주옵소서. 그로 인하여 끝까지 사랑하신 주님의 사랑을
우리의 것으로 하게 하옵소서.
예수님의 이름으로 기도합니다. 아멘

실수투성이, 우리들

바로 엊그제인데……

며칠 전엔 아름답고 귀한 선물을 남편으로부터 받았다.

꽃 자주 빌로드 빛을 내는 장미 한 다발과 아기 손바닥을 펼친 크기만 한 앙증스런 케이크였다.

칠 년간의 정규 신학 과정을 마친 남편이 훌륭한 학부형(?)에게 주는 거라며 경쾌하게 내민 감사의 선물이었다.

일곱 개의 초를 촘촘히 켰다.

색색으로 밝혀진 일곱 불빛이 지나온 세월의 많은 이야기를 속살거리는 듯하였다.

지금으로부터 칠 년 전.

남편은 예수님의 종이 되는 길을 가기로 작정하였다. 이십 일간의 금식기도를 통해 참으로 주님의 뜻인지를 진지하게 물은 후 어렵사리 내린 결정이었다.

봄을 시새우는 바람이 옷깃을 여미게 하는 날부터 시작된 금식은 천지가 푸르름에 탄성을 지르던 오월의 다섯째 날 주님을 향한 찬양과 감격으로 끝을 맺었다.

그날이 바로 엊그제인데······.

수많은 시간들이 이런저런 얘기를 가득 실은 채 활시위를 떠난 화살마냥 그렇게 날아갔다.

교재를 제 때 사지 못하여 애태웠던 일, 등록금 마감일을 앞두고 간절히 기도하던 일, 축제 때 시낭송 대회에서 차상을 차지하여 기뻐했던 일, 주님이 주신 봉고차로 전국을 여행했던 일······.

늘 기쁜 날만 있었던 것은 결코 아니었다.

가슴이 텅 비어버리는 듯한 처연함을 가눌 길 없어 눈물어린 기도로 지새우던 날도 있었다.

그러나 늘 함께 하시는 주님께서는 지난 날을 은혜로움으로 넉넉히 채워 주셨다.

이젠 예수사랑교회가 태어난 지도 10개월이 되었다.

혼자걸음 하기는 아직 짧은 세월이지만 늘 동행하시는 예수님이 계심으로 넉넉히 걸을 수 있다.

모든 이들이 함께 있어 참다운 위로와 기쁨이 있는 곳. 영혼의 평화와 나눔이 있는 곳, 주님의 사랑이, 그분의 호흡이 넉넉히 머무는 곳. 그런 예수사랑교회가 되는 것이 모두의 바램이다.

일곱 개의 초가 자신을 불사름으로 빛을 발하듯이 예수님을 향한 헌신으로 일생을 살아야 함을 우리 내외는 서로의 마음에 적어두고 있다.

바로 엊그제인데······

• •

사랑의 주님, 우리의 삶이 비록 어렵고 힘들다 할지라도 그 가운데 주님의
계획하심이 있음으로 인하여 감사하나이다.
그로 인하여, 고난 받는 이들을 더욱 감싸 안을 수 있도록
사랑의 마음을 허락하시니 또한 감사하나이다.
예수님의 이름으로 기도합니다. 아멘

경화야, 기다려……

지난 며칠 간은 기쁘고도 슬픈 날들이었다.

DG목사님을 가까이서 모시고, 이천 년 전에 고통 받는 이들을 향하여 치유와 사랑의 손을 내미신 예수님의 사역을 눈으로 보는 것 같은 은혜로움이 있어서 즐거웠던 가운데, '박애원'에서 이박삼일로 외출한 경화와 보낸 시간들은 심장에 잔못이 박히는 느낌으로 다가온 시간들이었다.

오랜 친구 경희와 반가운 통화를 하게 되었다.

이런저런 얘기 끝에 동생 경화가 정신장애인수용소에 있다는 소식을 듣게 되었고, 그 애를 찾아가기로 결심한 터였다.

동생 경화는 안정되지 않은 가정환경 속에서도 총명함을 잃지 않아 대학을 수석으로 입학하고 노벨물리학상을 꿈으로 간직하던 과학도였는데 대학원 한 학기를 앞두고 심한 환각증상을 일으키고 말았다.

꽃다운 이십대 초반의 여대생이 이제는 서른셋의 노처녀가 되었는데도 여전히 순수함과 번뜩이는 재치는 잃지 않고 있었으나 십여 년 전 발병한 이래 정신병원과 수도원을 오가며 살았던 세월들은 세상의 한구석으로 경화를 밀쳐놓고 있었다.

하지만 면회실에서 만난 경화는 또록또록 날 기억하고 있었고 옛날 옛적 곰보빵을 같이 먹었던 얘기도 즐겁게 하였다.

집으로 오는 차 안에서 제일 먹고 싶은 게 귤이었다며 과일 한 보따리를 끌어안고 기뻐하던 경화.

이름만 대면 알 만한 D수도원에서 삼 년간 안찰을 받았다며 기도가 그렇게 아픈 거냐고 진지하게 묻던 그 애.

기도는 온유하고 사랑스럽게 하나님과 대화하는 것이 아니냐며 안찰 받고 회개하기는 너무 억울하다는 날카로운 지적으로 우리를 깨우친 경화.

그런 경화는 세상의 화려함과 안락함은 아예 존재하지도 않는 것인 양 초연한 눈빛이었다.

경화는 '박애원'으로 돌아가는 차안에서 심한 두통과 복통을 일으켰다. 먹고 싶다는 것을 요것조것 많이 먹은 탓이기보다는 격리된 또 하나의 세계로 돌아가야 하는 막연한 두려움이 그 애를 짓누르는 것 같았다.

보호자 출입 불가지역인 그 애의 방은 세 개의 쇠창살문을 통과한 끝에 들어갈 수 있었다.

경화와 손잡고 기도하던 그 시간……, '진리를 알지니 진리가 너희를 자유케하리라'는 예수님의 말씀대로 경화에게 영혼과 육신의 자유로움이 있기를 간절히 기도하였다.

뉘리끼리 한 전등불빛 아래, 몇 안 되는 소지품들이 빛을 잃은 좁디좁은 방안에서 차마 일어서지 못하는 나를 그 애는 와락 껴안았다.

"언니 사랑해요, 신의 축복이 늘 함께 하세요."

처지에 어울리지 않는 세련된 말을 들으며 가슴이 베어지는 눈물이 솟구쳤다.

"경화야 기다려라. 곧 널 데리러 올께, 널 훨훨 나르게 해줄께……."

• •

사랑의 주님, 번잡한 세상의 수많은 이야기들 속에서 정신이 혼미해진 영혼들을 위하여 기도합니다. 그로 인하여, 우리가 겸손한 모습으로 그들을 위로하게 하시고, 행여 우리 마음속 깊은 곳에 더욱 큰 혼란이 있지나 않은지 돌아보게 하옵소서. 예수님의 이름으로 기도합니다. 아멘

네 마음 전부를 드리렴

얼마 전 우리 교회의 주보를 받아본 어떤 자매님이 이렇게 예쁜 주보는 처음이라며 한참을 감탄하더니만 좀 의아하다는 기색으로 이런 질문을 한 적이 있다.

헌금 내는 이가 이렇게 적어서야 어찌 운영(?)하느냐는 것이었다.

믿음의 연륜이 거의 없다시피 한 이유도 있었겠지만, 이 세대의 기업화되고 비대해진 교회만을 바라보았던 고정관념 때문이었으리라. 적당히 대답할 말을 찾지 못하여 빙긋이 웃고 있었더니 전도사님께서 이런 대답을 하셨다.

"글쎄요, 아직 교회 운영비가 따로 들어갈 게 없으니 부족함을 느껴 본 적이 없고, 주님이 주시면 필요한 자리에 그대로 나누어 주니 어려움보다는 기쁨이 크지요……."

헌금 말이 나왔으니 문득 생각나는 게 있다.

몇 해 전 S교단에서 내노라 할 만큼 큰 교회의 부흥회에 참석하여 주보 한 장을 받아 보았는데 서른 여 개의 구역이 빡빡하게 소개되어 있었다.

구역장, 모인 인원, 헌금금액, 읽은 성경 면수⋯⋯. 그런데 내 눈길을 멈추게 한 것은 각 구역에 매긴 등수였다. 말하자면 각 구역의 성적을 평가하여 서열을 정한 것인데, 놀랍게도 헌금 액수가 가장 많은 구역이 일등을 차지하고 있었다.

호기심이 생겨서 가만히 분석해 보았더니 아무리 읽은 성경 면수가 많아도 헌금액이 적으면 저 뒤로 밀려나 있는 것이었다.

부흥회가 미처 시작되기도 전에, 무심결에 본 주보 때문에 집회시간 내내 마음 문이 열리질 않아 답답했던 기억이 있다. 예수님께서 등수를 정하신다면 어떤 구역이 일등일까⋯⋯?

물질이 있는 곳에 마음이 있다고 한다. 그것은 분명한 것 같다. 내 소중한 것 모두를 드리면 주님은 반드시 훨씬 더 많은 것으로 갚아 주시기 때문이다. 그러나 다른 한편 주님은 과부의 두 렙돈을 받으시고 무척 기뻐하시며 '네가 너의 전부를 드렸다'고 칭찬하신다. 그러고 보면 주님은 겉으로 나타난 행위보다는 그 마음을 더욱 눈여겨보시는 것임에 틀림없다.

예수사랑교회는 아직 헌금함이 없다.

꽃과 성경이 놓여진 제단 위에 단지 조그만 바구니가 놓여 있을 뿐이다. 그 안엔 예수사랑교회 전부를 드리는 마음으로 가득하다.

주어진 직장에서 열심히 일하시는 집사님 내외분의 감사로 담겨진 소중한 헌금, 빳빳한 새 돈만을 특별히 골라 두었다가 오히려 부끄러운 마음으로 살짝 드린 헌금, 아이스크림 좋아

네 마음 전부를 드리렴

할 나이에 한 달 받은 용돈 중 십 분의 일을 정직하게 드린 헌금…….

주님 보시기에 전부를 드린 그 손길들과 따뜻한 마음으로 바구니는 늘 부유하다.

어느 날 젖은 눈으로 근심스레 말하던 K자매의 모습이 생각난다.

"사모님, 전 교회에 도움을 드릴 수 없어요. 헌금도 못 낼 형편이니……."

나는 가슴속에서 흘러나오는 사랑과 위로의 마음을 주체할 수 없어 손을 꼬옥 잡았다.

"주님은 마음속 깊은 곳을 헤아린단다. 네 마음 전부를 드리렴……."

• •

사랑의 주님, 이 세상에 아름다운 꽃과 별과 촉촉이 내리는 비를 주시니
감사합니다. 이로 인하여 늘 감사하게 하소서. 눈으로 보이는 것을
귀히 여기기보다는 보이지 않는 마음 위에 그 소중함을 두게 하소서.
예수님의 이름으로 기도합니다. 아멘

재산 공개

'재산 공개'가 세상을 들썩거리고 있다.

한참이나 콤마를 되짚어 보아야 할 만큼 금액이 큰 의원님들의 재산총액을 바라보면서 벙벙했던 것은 아마도 그 액수가 금방 감이 잡히지 않은 탓도 있겠지만, 자신이 평생 쓸 수 없을 만큼 지나치게 많이 갖는 것이 어리석게 생각됐기 때문이기도 하다.

그러나 특별히 내 관심을 끈 것은 두 의원님의 재산내역이었다.

N의원님과 K의원님.

물론 학자 출신인 N의원의 재산이 뜻밖에 많아서도 아니고 K의원의 몇 백억 재산이 부러워서는 더더욱 아니었다.

단지 N의원은 몇 년 전 세미나에서 나에게 특별한 인상을 남긴 터였고 K의원은−본인은 모르겠지만− 요즈음 우리의 기도제목이 되고 있기 때문이다.

혼란하던 시국이 '6.29선언'으로 조금은 안정되었던 시기에 모 출판사에서 개최한 세미나에 참석한 적이 있었다.

그때 당시 N의원은 청와대 요직에 있으면서 '6.29 예찬론자'로 유명했었다.

아니나 다를까, 연사로 초빙된 그분은 시종일관 같은 내용으로 열을 올려서 세미나의 본 취지와는 걸맞지 않아 좀 당황했었다. 더욱 당혹스러웠던 것은 그분의 말씀이 '예수가 백 명이 나와도 이 나라는 개혁될 수 없다'는 거였고 유일한 해결책은 '6.29정신'이라는 논리였다.

그때 당시 청중은 걸쭉한 신학대학의 학장님 이하, 평소 기독교계에서 말깨나 하는 교수님뿐 아니라 취재기자도 꽤 있었던 것으로 기억된다.

언뜻 지나가듯 스친 그 말은 내 가슴을 후비고 들어왔다.

'예수가 누구인지 아느냐'고 묻고 싶은 충동에 얼굴이 화끈거리고 바짝 긴장이 되었다. 입속에서 여러 번 연습을 한 후에, 손을 번쩍 들어 질문해야겠다고 맘속으로 다짐했지만 한참이나 뒷자리에 앉은 나 같은 조무래기는 엄두도 못 낼 훌륭하신 분들이 너무나 많아서 그만 기가 죽고 말았다.

그분은 여러 사람의 호위에 묻혀 미소를 띠며 유유히 사라졌고 난 앞자리에 앉은 수많은 뒤통수들 때문에 현기증이 일어났다.

바로 그 N의원은 연고지가 아닌 곳에 많은 땅을 소유하고 있었고 대지가 150평이나 되는 금싸라기 대저택을 턱없이 낮은 가격으로 신고했다하여 부동산 중개업자의 입방아에 오르내리고 있었다.

하기는 75채나 되는 서민주택에서 세 받아 챙긴 모 의원님보다야 양심적이긴 하지만 크게 다를 바 없는 그분은 왜 예수님 백 명을 운운했는지 그 이유를 알 성싶었다.

지나친 풍요에서 오는 이기심과 자만은 마음 문을 커다란 자물쇠로 꽁꽁 걸어 잠궈서 사랑이나 헌신, 경건─환난 날에 고아와 과부를 돌보는 것─이 헤집고 들어설 틈이 없을 터이므로……

K의원님.

난 그분의 재산내역에서 열심히 어떤 빌딩을 찾아보았다.

그 이유는 이랬다.

예수사랑교회는 주택 한복판에 그것도 안방을 개조해서 만든 교회이고 보니 철야기도는 엄두도 못 낼 뿐 아니라 여러 가지 제약이 많은 터였다.

해서, 새해부터 교회 이전을 놓고 기도하는 중이었다.

마침 이전하려고 하는 건물이 K의원님의 소유라는 것이었고, 복덕방 사장님은 의원님을 만나기가 나랏님 만나기보다 더 어렵다고, 만날 때마다 불평이었다.

건물을 지은 시공주가 돈을 못 받아서 건물주와 밀고 당기는 처지라며 설계도와 턱없이 달리 지어진 그 건물은 준공검사가 떨어질지 모르겠지만, 의원님의 든든한 빽이 있어서 그것쯤이야 대수냐고 덧붙였다.

어쨌든 삼층 건물의 지하 30평을 찾아가 남편과 난 몇 차례 단을 쌓은 야곱처럼 기도했었다.

휑뎅그레한 지하공간은 여러 가지로 손질을 해야 할 것 같았지만, 주위에 **빽빽**이 들어선 옹기종기 서민주택이 모두가 추수를 기다리는 곡식으로 보여 더욱 마음이 끌렸었다.

그러나 이날까지도 동서남북 번쩍거린다는 의원님은 도무지 만날 수도 없었고 주위의 다른 건물보다 평당 삼십만 원씩이나 올려매겨 놓은 값으로 해서 우리의 심각한 기도제목이 되고 있었다.

그런데 바로 그 문제의 건물이 신문지상에 보이지 않는 거였다.

아마도 재산이 너무 많다 보니 깜빡 잊으셨나 보다.

예수님은 온유한 자가 복이 있으니 땅을 기업으로 받으리라고 말씀하셨다.

온유란 국어사전에 따뜻하고 부드러운 마음씨나 태도라고 쓰여 있다. 성경적으로는, 하나님의 말씀에 길들여지는 것을 의미한다.

며칠 전 주인아주머니께서는 새봄맞이 집 단장으로 사백오십만 원이 들었다며 기한이 되는 석 달 후엔 보증금을 올려야겠다고 말씀하셨다. 몇 백 억이라는 금액보다는 몇 백만 원의 보증금이 오히려 크게 실감되는 것은 내가 가난하기 때문인가…….

하지만 기죽지 말자.

온유하기만 하면, 저 하늘에 수정으로 지어진 아름다운 내 집이 있다. 대저택 의원님들도 상상 못할 그런 집이…….

．．

사랑의 주님, 예수님을 사랑하지 않는 자나 예수님을 알지 못하는 자에게도
따뜻한 햇빛과 촉촉한 비를 주시니 감사하나이다.
그로 인하여 주님의 사랑을 알고 이웃에게 배려하는 마음을 갖게 하옵소서.
예수님의 이름으로 기도합니다. 아멘

재산 공개

한 영혼도 소중해요

일전에 A시에 있는 큰 교회를 방문한 적이 있었다. 수억을 들여 성전을 새로 건축했다는 소식이 들려오던 차에 겸사겸사 방문했었다. 아닌 게 아니라 고층아파트가 병풍처럼 둘러서 있고 탄탄대로 가능성이 무한히 잠재된 위치에 믿음직스럽게 교회는 서 있었다.

비록 안방을 개조하여 주님께 드린 예배처소이긴 하나 난 예수사랑교회의 아늑하고 따스한 분위기를 은근히 자랑스레 생각하고 있었던 터였지만, 스테인드글라스의 화려함과 널찍한 예배실, 높다란 강대상의 위엄을 느끼며 역시 주님의 영광은 이런 곳에 어울리는 것이 아닌가 하는 생각도 했다.

사모님과 이런저런 얘기를 나누며 성전을 둘러보던 중 뒤뜰에 나갔을 때였다. 초등학교 상급생으로 보이는 남자아이 셋과 마주치게 되었는데 이를 본 사모님께서 그 자리에서 호되게 나무라시는 거였다. 어떻게 들어왔냐는 거였고 쓸데없이 어정거려 일 저지르지 말고 어서 빨리 나가라는 말씀이셨다.

난 순간 어리벙벙해져서 아이들을 망연히 바라보았고 아이들 역시 놀라움과 불만으로 가득 찬 표정이 되어 노려보고 있었다.

가차 없이 아이들은 내몰렸고, 뭔가를 중얼대며 아이들은 사라졌다…….

'한 영혼이 천하보다 귀하다'는 예수님의 거창한 비유가 아니더라도 주택 한복판에 폭 들어앉아 십자가도 세울 수 없는 예수사랑교회의 형편으로서는 제 발로 걸어 들어온 세 영혼이란, 하나님이 주신 기적만큼이나 신나고 경이로울 터였다.

우리교회 청년들은 놀이터에서 만난 코흘리개 개구쟁이들도 교회로 데려와 빵 주고 과자 주며, 간다고 할 때까지 놀아주곤 했었다.

그저 귀하고 소중해서였지 싶다.

어찌 소중한 게 아이들뿐인가.

예배시간에 새로운 얼굴이 보이면 강대상에 선 전도사님의 얼굴이 환해진다. 목소리엔 가벼운 흥분이 실리고 괜시리 벙글벙글 기운차다.

때로는 군대 간 김성규 형제 제대날짜를 꼽아보기도 하고, 방문할 때마다 찬바람이 휘휘 도는 양○○씨 댁에도 목회자는 얼굴에 철판 깔아야 한다는 익살과 함께 가고 또 간다.

병원에서 사경을 헤맬 땐 그 부인 되시는 분이 초조한 얼굴로 기도해달라, 찬송해달라 분주하더니, 이제 좀 회복되니까 예배 끝나고 식사가 불편하니 안 된다 해서 미음 끓여 놓을 테니 염려 마시라, 감기 들까 봐 안 된다 해서 차로 모셔오고 모셔

갈 테니 안심하시라, 끝내는 엉덩이에 살이 없어 앉지 못한다고 거절하더니 이젠 제발 괴롭히지 말라고 문전박대하게 되었으니……

딱하기도 하고, 은근히 괘씸한 생각이 들어서 그만하면 하나님이 알아서 하실 테니 제발 이젠 그만두라고 해도 복음에는 부끄러움이 없는 거라는 게 남편의 지론이다.

지난 겨울엔 집 들어오는 길목에 새로 생긴 호떡장사 부부에게 전도하느라 질펀한 호떡을 물리게 먹은 적도 있었다.

전도는 예수님의 지상명령이다.

예수님과 첫사랑으로 가슴 벅찼을 때는 만나는 이마다 주님의 사랑을 전했었다.

전하지 않고는 견딜 수 없었기 때문이었다.

그런데 왠지 요즈음은 그 열정이 식어 버렸다. 부활하신 예수님을 바라보면서 내 자신을 추스를 일이다.

• •

사랑의 주님, 주님께서 부활하심으로 새로운 소망과 함께 자신을 돌아보는 마음을 주시니 감사드립니다. 이로 인하여 내 이웃의 영혼을 감싸고 사랑하며 주님의 나라를 전파하는데 열심을 다하는 열정을 주옵소서.
예수님의 이름으로 기도합니다. 아멘

앳띤 병사의 눈웃음

　며칠 전부터 다가온 꽃샘추위가 대단했다. 오고 가는 길에
보이는 진달래 꽃눈이 제법 통통해져서 봄빛 받아 금세라도 피
어날 듯하더니 시샘하는 찬바람에 화들짝 놀란 표정들이다.

　옷소매를 한껏 늘여 맨손을 깊숙이 집어넣고 동동걸음치며
집에 돌아오니 멀리 철원의 L사모님으로부터 전화 메모가 있었
다.

　축하할 일이 많아서 전화했다는 내용이었다.

　아마도 남편의 연구원 졸업과 교회 첫돌을 뜻하는 것이지 싶
었다.

　매주 받아보는 주보를 한 자도 빼지 않고 꼼꼼히 읽으신다는
그분은, 간혹 만남이 있을 때마다 자매들의 이름을 잘도 외워
서 우리를 즐겁게 하는 수색대대 대대장님 사모님이시다.

　이 추위에 건강하신지…….

　영하 이십 도면 반바지를 입는다며 씨익 웃던 앳띤 병사의
눈웃음이 철원평야의 황량함을 배경 삼아 떠올랐다.

며칠 전엔 최전방 신병교육대에 다녀왔다. 새벽 4시에 출발해야하는 먼 길이다.

집에서는 어와둥둥 귀한 아들이어서 부족한 게 없었을 터이지만, 초코파이 한 개, 백설기 떡 한 덩이, 껌 한 통의 소중함에 탄성을 지르는 순수함이 사병들에게는 있다. 흡족할 만큼 많이 줄 수 없는 것이 늘 마음 아파왔던 터였다.

요것조것 넣은 과자 주머니를 받아 사탕 한 알 꺼내 먹고 호주머니에 소중히 밀어 넣던, 앳띤 병사의 추위에 곱아진 손가락이 눈에 어른거리면 지금도 가슴 속 한켠이 짜리리해온다.

그날은 S시에서 이름만 대면 알 만한 큰 교회 목사님과 함께 갔다. 마침 옆 사단에 목사님의 귀한 아들이 복무 중이었던 터라 아들 면회 삼아 동행하셨다.

그 목사님과 사모님의 차 트렁크에는 아들먹일 온갖 것이 바리바리 오밀조밀 들어있었다.

귀한 자식 최전방에 보낸 부모심정이야 어찌 표현하리요마는, 이웃 사랑 부르짖는 이 목사님께서 자칫 잊으신 것이 있었다.

자기 아들 생각에 남의 아들 생각을 잊으신 터였다. 밖에서 온 거면 무엇이든 꿀맛인 최전방에 그 교회 성도수의 반만큼만 귤을 가져가셨어도 아마 병사들의 기쁨이 열 배는 더 했으리라.

첫걸음이신지라 경험이 없으신 탓도 있었겠지만, 내 자식사랑에 이웃사랑 잠시 잊으신 건 아닌지…….

이제 조금 있으면 진달래며, 제비꽃이며, 개나리가 피어날 것이다. 죽은 듯 숨죽이던 메마른 가지 속에 노랑색, 분홍색, 연두색이 숨어 있다는 걸 그 누가 알았을까.

죽음을 생명으로 바꿀 수 있는 것은 예수님의 사랑 뿐이다.

그 사랑받은 우리는, 내 가까이 있는 이웃만이 아닌, 한 번도 만난 적 없는 멀리 있는 이웃까지도 사랑해야 한다.

• •

참으로 좋으신 주님, 주님의 깊고 끝없는 사랑에 감사하나이다.
이로 인하여 모든 이를 사랑하게 하옵소서.
가까운 사람들을 사랑할 때 멀리 있는 이웃도 생각나게 하옵소서.
예수님의 이름으로 기도합니다. 아멘

젊은 병사의 눈물

싸리 꽃의 순백색이 그 화사함을 더하고 그 내음이 향기롭던 오월의 첫째 주.

싸아하게 밀려오는 새벽바람을 가르고 출발한, 예수사랑교회의 순례행로가 멈추어진 곳은 철원 6사단의 어머니교회. 이름만큼이나 아름다운 모습은 성탄 카드에서 오려낸 그림마냥 정겹고 품위 있다.

그러나 어머니교회를 더욱 아름답게 하는 것은, 그 겉모양보다는 오히려 씩씩한 장병들의 찬양이 있어서이고, 혈기를 누른 겸손 아래 진정한 회개와 말씀의 사모함이 있기 때문이다.

카키색 장병들의 찬양과 함께 하나님의 말씀이 선포되던 그날의 예배시간은 짙은 감동과 연민으로 가슴 적시었던 어떤 젊은이의 눈물과 함께 내 마음에 아직도 그림 되어 남아 있다.

사람의 발길이 닿지 않는 비무장지대 안의 호수마냥 투명하게 맑은 눈물은 그 큰 눈도 미처 감당하지 못한 채 카키색 군복으로 흘러내리고 있었다.

그 날은 여자친구가 시집가는 날이었다.

보초 근무를 서야하는 그 많은 날의 밤들, 적막함 속에서 그
리워해야하는 사랑하는 사람들. 누이여도 좋고, 연인이어도 좋
고, 친구여도 좋다. 그들을 향해 달려가는 사랑을 잠시 접어둔
채, 북녘 땅, 같은 또래 젊은이들의 움직임을 눈이 시도록 지켜
볼 동안 사랑하는 연인은 그새 떠나 버린다.

눈은 북녘땅을 보고 있으나 마음은 사랑하는 이들에게 온
통 달려감을 아는지 모르는지 그렇게 떠나고 마는 그들이 있기
에……

얼굴이 동그랗고 눈이 유난히도 큰 그 젊은이는 남겨놓은 제
대 날짜 삼 개월이 삼십 년인 양 초조하다.

그래서 그날, 그 청년은, 영원히 변치 않을 주님의 사랑을 알
고 그렇게 많이 울었나 보다.

∙ ∙

사랑의 주님, 상처받은 젊은 영혼을 위하여 기도합니다.
그 아픔이 오로지 주님의 사랑으로만 치유되는 것임을 믿게 하옵소서.
예수님의 이름으로 기도합니다. 아멘

젊은 병사의 눈물

주님은 우리의 방패

자명종 소리에 화들짝 깨어 일어난 시간은 아직도 어스름이 깔린 시간이었다.

매월 첫 주에는 남편이 철원의 군부대교회예배를 인도하기 때문에 여느 때처럼 이른 새벽 배웅을 했다.

모퉁이를 돌아가는 봉고차의 미등불빛을 바라보며 기도하는 마음으로……

그런데 다른 때보다 이른 시간에 돌아온 남편으로부터 놀라운 얘기를 들었다.

밤새 내린 비로 제법 미끄러운 아스팔트 길을 따라 의정부에서 포천으로 가는 축석고개를 넘는 중이었다 한다.

약간 오르막진 길을 가고 있는 중에, 반대편에서 11톤이나 되는 쓰레기 운반차가 지그재그로 방향을 잃고 달려오는 것이 눈에 띈 찰나, 순간적으로 봉고차의 옆구리를 때리며 스쳤다 한다. 오히려 정신이 말짱해져 시야가 확실해진 남편은 힘껏 액

셀레이터를 밟아 피했고…….

가속도가 붙어 두 번째로 달려든 육중한 트럭은 봉고차의 후미를 세차게 때렸다 한다.

만일 정신을 잃고 브레이크를 밟았더라면 골리앗 같은 그 차는 여지없이 운전석을 바스러뜨려 낭떠러지에 밀어 넣을 뻔했다 하니…….

더욱 놀라운 것은 뒷좌석에 앉아계셨던 세 분의 안전이었다.

젊음을 군 선교에 바치신 분, 이소애 전도사님.

교통이 불편하고 군인들이 배고팠던 시절부터 머리에 무거운 떡을 이고 몇 십 리 산길을 걸어 장병들에게 나누어 주며 어머니 같은 보살핌으로 젊은이들에게 복음을 전하셨던 분, 육순이 넘으신 그 나이에도 외로운 국군장병들의 '영원한 어머니'이신 전도사님과, 앞 못 보는 남편의 지팡이 되어 늘 뒤따르는 충직한 아내와 더불어 아름다운 목소리로 하나님나라 찬양을 하시는 이진구 집사님 내외분, 이들을 사랑하시는 주님께서는 수천수만의 호위천사들을 보내어 머리털 하나 다치지 않게 지키신 터였다.

유리창이 산산이 부서지고 천장이 날아가 버리는 와중에서, 평소 산기도 다닐 때마다 무릎 꿇던 담요와 오리털 파카가 세 분을 감쌌다고 하니 어찌 기적이라 아니 할 수가 있을까.

이십칠 세 된 트럭 기사 젊은이는 쓰레기차의 역겨운 냄새와 밤샘운전의 피로를 씻고자 그 시간쯤이면 포천막걸리로 거나하게 취한다는 것이었다.

그럴 수밖에 없었던 청년기사의 불안에 떠는 모습을 오히려

주님은 우리의 방패

위로하고 껌이며 율무차로 음주사실을 숨겨주었다 하니 더욱
감사한 일이다.

　살아 돌아와 당신 과부 만들지 않았으니 감사하라며 씽긋
웃는 남편의 손 위에 가만히 내 손을 얹어 보았다.

　'여호와는 너를 지키시는 자라 여호와께서 네 우편에서 네
그늘이 되시나니 낮의 해가 너를 상치 아니하며 밤의 달도 너
를 해치 아니하리로다······.'

여호와께서 너의 출입을 지금부터 영원까지 지키시리로다
- 시편 121편 5~8절 -

파수병이 아침을 기다리듯

지난 주에는 낮 예배를 마치고 철원 어머니교회의 점등예배에 다녀왔다. 붉은 벽돌로 아기자기 지어진 어머니교회는 크리스마스카드에서 오려낸 듯이 아담하고 아름답다. 귤이며 초코렛이며 사탕을 담은 선물 봉지를 준비하여 즐겁게 철원을 향했다.

곳곳에 설치된 방어벽과 감시초소는 다소 긴장감이 감돌게하지만 워낙 눈에 익은 터라 지금은 오히려 정겹다. 북녘땅의 김일성이 치열한 접전 끝에 끝내는 빼앗기고 몇 날을 울었다는 철원평야는 가을의 풍요로움 끝에 휴식을 취하고 있었고 질서도 정연하게 떼를 지어 날고 있는 기러기 떼는 침묵 속에 평화를 그려 넣고 있었다.

군 선교에 참여하여 6사단과 15사단을 방문한 지도 어느덧 햇수로 5년이 되어가고 있다.

처음엔 전쟁영화에서나 본 듯한 허허로운 풍경과 부대를 향하는 외줄기 비포장도로가 괜시리 슬프게 느껴지고 보초병의 바람을 가르는 거수경례와 고함치듯 외치는 '펄썽' -너무 힘주다 보니 '필승'이 이렇게 들린다- 소리에 깜짝 놀래기도 했었다. 집에서는 어와 둥둥 귀한 아들이, 만만치 않은 대한민국 싸나이 수업에 총대를 부여잡은 손이 파르스름한 것을 보고 은근히 가슴이 아려오기도 했었고, 따뜻한 차 안이 송구스러워 사탕과 초콜릿을 준비해서 나누어 주기도 했었다.

군인들이 배고팠던 옛 시절과는 달리 모든 것이 풍요로워졌다고는 하나 그들에겐 바깥내음 묻혀온 것이면 사탕 한 알도 소중한 터라, 받아드는 그들의 얼굴엔 감사와 기쁨이 가득하다. 그때 난 비로소 내가 엄청 부자였음 좋겠다고 생각했다. 봉고차에 그득그득 초콜릿이며 사탕을 싣고 산타클로스처럼 한 아름씩 나누어 주었으면 싶었다.

"조 녀석들은 할머니 보고도 휘파람 분다니께."

알록달록 색깔 옷 입고 머릿결 나부끼는 자매들을 훔쳐보는 병사들을 향하여 남편은 익살스레 한쪽 눈을 찡긋했다. 두고 온 어머니도 그립고 누님도 그립고 연인도 그리운 터였다.

예배를 마치고 대대장님 사모님께서 손수 끓여 오신 달콤한 호박죽으로 몸을 뎁히고 난 후, 교회 밖으로 나와 섰다. 준비된 점등 스위치를 대대장님과 사모님, 장병들, 그리고 전도사님과 성도들이 올리는 순간, 어두움은 오색등으로 밝혀졌다.

"와아!" 하는 함성과 함께 경탄의 손뼉을 치면서 솟아오르는 눈물에 가슴이 벅차올랐다.

'빛으로 오신 예수님!'

어둠을 밝히러 이 땅에 오신 예수님을, 어둠이 그를 알아보지 못함으로 인하여 십자가의 길을 가셔야 했다. 그러나 그 고난이 바로 우리의 영광이며 은혜인 것을……

　이제 며칠이면 낮은 데로 임하신 아기예수의 탄생일이다. 섬기는 종으로, 평강의 왕으로, 세상의 빛으로 오신 예수님, 가장 낮은 자리에 찾아오신 예수님을 맞이하는 마음은 파수병이 아침을 기다리는 마음이 되어야 하리라.

· ·

사랑의 주님, 낮은 데로 오신 사랑의 주님, 제 영혼이 주를 기다리나이다.
파수병이 아침을 기다림같이 주를 기다리오니 어서 오시옵소서.
사랑의 주님, 주님을 기다림으로 인하여 이 땅에 소망을 주시니
또한 감사하나이다. 이 땅 위의 낮은 데서 사는 모든 이들을
기억하게 하옵소서. 예수님의 이름으로 기도합니다. 아멘

파수병이 아침을 기다리듯

으흠, 바로 이 맛이야

늦가을 통통 여문 도토리 알처럼 뒷꼭지가 유난히 똘똘한 형원이와 형록이의 할머님이 바로 송 권사님이시다.

교회가 있는 사택과는 어깨높이에 훨씬 못 미치는 담 하나를 사이에 두고 진 권찰님의 가정이 있는데-이곳 과천은 주택마다 거의 담이 없다- 평소 직장생활에 분주한 딸을 돕기 위하여 권사님과 장로님께서는 이른 아침부터 출근(?)을 하신다.

평소 말수가 적으신 그분은 다리가 편찮아 늘 고생이신 터에도 한창 개구쟁이인 손주 둘을 알뜰살뜰 거두신다.

난 권사님의 발자국 소리를 들어본 적이 없다. 늘 소리 없이 장감장감 걸어 다니시며 빈틈없이 집안일에 분주하신 그분은 남편을 위해, 자녀를 위해 평생을 헌신적으로 살았다 한다.

요즈음엔 권사님의 일이 한 가지 더 늘었는데 다름 아닌, 사회로 진출한(?) 사모 거두는 일이다.

여느 교회 같으면 바깥일로 열심인 사모가 이야깃거리가 될 수도 있겠지만, 늘 바쁘다는 노래를 달고 사는 나를 우리 교회 성도들은 한결같이 이해해 주고 격려해 준다.

더욱이 권사님은 바쁜 사모가 늘 안쓰럽다며 반찬 거두느라 분주했다.

어제는 이마에 송글송글 맺힌 땀을 채 닦지도 못한 채 뜨뜻한 부침개를 수북이 담아오셨다.

갓 버무린 생김치며, 정성스레 들깨 갈아 탕으로 만든 머위국이며, 부드럽게 삶은 배추 잎을 넣어 만든 일품요리 우거지국, 들깻잎의 어린 순을 기름에 달달 볶아 통깨를 술술 뿌린 깻잎볶음이며, 싱그러운 깻잎 김치…….

참으로 손끝의 맛깔스러움이 한껏 배어난 음식들을 다몰다 몰 담아 오신다.

깻잎이 유난히 싱그러운 것은 장로님께서 손수 가꾸셨기 때문이지 싶다. 언제 보아도 선비의 기품을 잃지 않으시는 장로님께서는 봄내 가꾼 상추며 들깻잎을 아낌없이 따다가 유난히 상추 좋아하는 우리 내외를 거두기에 바쁘셨다. 햇빛을 담쑥 안고 자라난 장로님의 무공해 상추는 쏟아지는 물줄기에 서너 번 씻어도 끄떡없이 싱싱한 채인데, 혀끝에 스며드는 쌉쏘롬한 맛이 최고다.

전주가 고향인 난 평소에 음식솜씨만큼은 은근히 자랑을 품어온 터였다. 그런데 요즈음은 바쁘다는 핑계로 가사 일에 소홀해진 터라 남편은 가끔 나의 옛날 솜씨를 예찬하면서 그 맛이 그립다는 말로 날 일깨우곤 한다.

그럴 때마다 송구스런 내 맘을 주님은 아셨던지 권사님의 푸근한 손길을 통하여 날 위로하시는 거였다.

으흠, 바로 이 맛이야

어제 우리 내외는 권사님이 만들어주신 우거지국을 먹으며
똑같이 말했었다.

"으흠, 바로 이 맛이야……!"

• •

사랑의 주님, 우리의 부족함을 우리 자신보다 더욱 잘 알고 계시니
감사하나이다. 사랑의 주여, 우리로 하여금 다른 이의 부족을 채워 주는
사랑의 도구로 쓰이게 하옵소서.
이로 인하여 주님께서 주시는 복을 듬뿍 받아 누리게 하옵소서.
예수님의 이름으로 기도합니다. 아멘

질투

얄미우면서 한편 정감어린 우리말이 있다면 아마도 '꽃샘'이라는 말이지 싶다.

따스한 봄볕 아래 꽃망울을 터뜨리려는 화심-花心-을 은근슬쩍 훼방 놓는 꽃샘추위에 대해 사람들이 그리 싫지 않은 눈길을 보내는 것은 우리들 마음속에 조금씩은 '꽃샘'과 닮은 마음이 자리하고 있어서가 아닐까 싶다.

'샘'이란, 남에게 지기를 싫어하고 남이 잘되는 것을 부러워하는 마음이라고 국어사전에 그 뜻풀이를 하고 있다. 그런데 샘의 정도가 좀 큰 것을 '강샘'이라 하는데 '강샘'의 비슷한 말이 '질투'인 것을 보면 '질투'란 시새움치고는 좀 그 정도가 지나친 것이라 믿어진다.

사람들의 마음 중 가장 추악한 것이 '질투'라고 한다. 적당한 시새움은 자기발전의 계기가 되기도 하지만 질투의 감정으로까지 발전하면 꽤나 심각한 지경에 이르게 되기 때문이다.

상대의 '잘 나가는 것'이 자신에게 직접적인 해로움을 주는 것이 아님에도 불구하고 괜시리 미운 감정을 갖는다는 것이 무척이나 잘못된 것이기도 하지만, 더욱 심각한 것은 질투라는 감정을 갖고 있는 자신의 모습이 한심하기도 하고 그럴 수밖에 없는 자신의 연약한 모습을 바라보고 낙심되어 대부분은 뼈가 삭는 고민에 빠지게 되는 것이다.

결국, 다른 이에 대한 질투의 감정은 자신을 자기비하의 수렁으로 빠뜨려 무기력하게 만들고 자신에 대해 끝없는 분노를 터뜨리게 함으로써 마음의 행복으로부터 멀어진다.

내 학창시절엔 유난스레 나와 라이벌 관계에 있었던 친구가 있었다. 그 애의 나에 대한 시새움은 좀 지나쳐서 질투를 벗어나 참소의 단계에 이를 정도였다.

책 읽기를 즐겨하던 난 우리학년에서 독서량이 제일 많았던 것으로 기억된다. 도서관에서 읽은 책은 독서카드에 기록하게 되어 있었는데 어느 날 조회시간에 내 독서카드를 보신 담임선생님으로부터 대단한 칭찬을 받은 적이 있었다. 그 후로 그 애는 자신의 독서카드에 읽은 책의 목록을 늘여가느라 동요집이나 시집을 하루에 십여 권씩 읽고 며칠 사이에 날 앞질러가기도 할 정도였다.

그리고는 매사에 날 괴롭히고 이간했다. 그 애는 내가 좋아하는 친구만 찾아다니며 사귀었고 결국은 나와의 사이를 멀리해 놓기 일쑤였다. 그 애 때문에 학교에 가기 싫을 정도였는데 그 심리적 불안이 얼마나 컸던지 어른이 다 된 지금까지도 가끔 꿈에서 그 애가 날 괴롭힐 정도다. 아마도 감정이 예민했던 시절 큰 충격으로 내 마음에 깊숙이 생채기를 내었나 보다. 작년인가 이제 아기 엄마가 된 그 애가 날 몹시 보고 싶어 한다는 소식을 친구들로부터 들었는데 '난 보고 싶지 않다'고 웃으면서 거절했을 정도였다. 물론 농담이었지만 조금은 앙금이 남아있었나 보다.

남편과 심방 가는 길섶에 고개를 내민 여린 새싹과 통통히 여물어 곧 분홍색 꽃잎을 터뜨릴 것 같은 진달래 꽃망울을 보았다. 계절의 화신-花神-으로 온 꽃망울들이 '꽃샘'엔 아랑곳하지 않고 묵묵히 자신의 모습을 키워가고 있는 것 같아, 자연을 통하여 알 만한 것을 주신 하나님의 뜻을 알 듯 싶었다.

'꽃샘'을 이길 수 있는 마음의 넉넉함. 자신의 모습 그대로 자신의 자리에 묵묵히 있음으로 해서, 있는 그대로의 아름다움을 키워나갈 수 있는 모습을 자신의 것으로 받아들일 수 있다면 '시새움'의 공격 따윈 아무것도 아니니라.

'꽃샘'의 시간은 봄이 가까이 있음을 의미한다. 또한, 어린 꽃망울에겐 '꽃샘'을 이기는 인고-忍苦-의 시간이 있기에, 다가올 봄이 더욱 찬란한지도 모른다.

질투

． ．

사랑의 주님, 우리의 삶 가운데 미처 예상치 못했던 고난이 있다 할지라도,
이를 통하여 인내를 배우게 하시는 주님의 선한 뜻을 깨달아 알 수 있는
넉넉한 지혜와 넓은 마음을 주옵소서.
그로 인하여, 합력하여 선을 이루시는 주님의 섭리를 배우게 하옵소서.
예수님 이름으로 기도합니다. 아멘

성철 스님의 죽음

훈이가 나에게 물었다. "선생님, 아빠가 그러시는데요, 성철 스님이 남기고 가신 말씀이 너무나 어려워서 무슨 뜻인지 모르시겠대요."

"으응, 무슨 말씀인데……?"

"저어, 그 스님께서 '산은 산이고 물은 물이로다'라고 하셨다는데 너무 고매하신 분의 말씀이라 깊고 깊어서 중생으로서는 도무지 이해가 안 가신대요."

"그으래……? 난 하나도 안 어려운네……? 산은 산이고 물은 물이니 그 이상도 그 이하도 아닌 바로 그 모습, 그대로라는 거지, 진리는 어려운 게 아니란다. 늘 쉽고 평범한 곳에 진리는 있지. 예수님께서도 누구나 알아들을 수 있는 비유를 통하여 심오한 진리를 설명하셨단다."

큰 눈을 껌벅이는 태훈이는 요즈음 무척 심하게 앓고 있었다. 편도선이 부어서 음식을 삼킬 수도 없는 데다 고열이 있어 입술이 쿤타킨테처럼 두툼해져서 말도 제대로 못 할 지경이었다.

　태훈이 어머님은 불교에 깊이 심취해 계신 분이신데 그 열성이 특별해서 새벽 두 시면 절에 가 하루에 백 번씩 절을 하신다는 분이시다. 집안에 장손이자 하나뿐인 외아들 태훈이에 대한 사랑이 남달라 그 애의 공부를 나에게 맡기셨는데 예수님을 잘 믿는 내가 가끔 못마땅하기도 했겠지만, 나의 태훈이에 대한 사랑과 가르치는 열정이 크다는 것을 익히 아시는 그분은 '제발 종교 얘기는 하지 말라'는 애원(?)을 하는데 그칠 뿐이셨다.

　그렇듯 금쪽같이 귀한 아들이 '아픈 것보다는 차라리 죽는 게 낫다'며 끙끙 앓고 있으니 걱정이 태산이셨을 게다.

　몸을 가눌 수 없을 만큼 심하게 앓으면서도 공부하겠다고 책상머리에 앉은 그 애가 기특하기도 하고 안쓰럽기도 해서 난 넌지시 물었다.

　"태훈아 시계가 고장 나면 시계방에 가지⋯⋯?"

　"그럼 사람이 고장 나면 어디로 갈까⋯⋯?"

　"인간방요."

　장난기가 섞인 웃음으로 씨익 웃으며 태훈이가 말했다.

　"요 녀석아, 인간방이라구⋯⋯? 하나님께서 널 만드셨으니 하나님께 가야지⋯⋯."

　정말로 하나님이 날 만드셨느냐, 진짜진짜 믿기만 하면 천국에 갈 수 있느냐, 성철 스님은 그럼 지옥 갔느냐, 예수님이 참말로 날 위해 십자가에서 돌아가셨느냐, 그렇담 마음이 아프다. 예수님이 다시 오시느냐⋯⋯, 질문이 쏟아졌다.

　이런저런 얘기로 대답을 해주며 난 이렇게 말했다.

"태훈아, 오늘 밤, 잠들기 전에 이렇게 말해봐."

"하나님, 진짜진짜 당신이 저를 만드셨나요? 정말 그렇다면 저를 낫게 해주세요. 우리 선생님은 당신이 계시다는데 저는 보이지도 않고 믿어지지도 않거든요. 저를 낫게 해주시면 제가 쬐끔 믿어질 것 같애요."

고개를 끄덕이던 태훈이를 만난 것은 삼일 후였는데 도무지 얄팍해질 것 같지 않게 부어올랐던 입술이 정상으로 되돌아와 있었고 눈빛도 말짱해 있었다.

"태훈아, 너 하나님께서 고쳐주신 것 믿니……?"

"네."

"널 위해 선생님이 어떻게 기도하든……?"

"제가 하나님을 사랑하게 해달라고 하시고 저로 인해 하나님 나라가 커지게 해달라고 하시고요, 공부 잘해서 부모님과 하나님을 기쁘게 하는 아들 되게 해달라고 기도하시던데요."

"그래, 맞았어. 아멘 해 볼래……?"

아이처럼 '아멘' 하는 태훈이를 보며 사랑스런 마음이 솟아올랐다.

요즈음 성철 스님의 열반이 모든 일간지의 화젯거리가 되고 있다. '세상살이는 10원짜리'라고 하신 스님은 이미 땅의 것보다는 하늘의 것에 대한 소중함을 알고 계셨으리라.

진리를 물으러 온 신도에게 '중×에게 속지 말라'며 도망했다는 에피소드는 그분의 솔직함을 말해주고 있었다.

'일생 동안 남녀의 무리를 속여서 하늘의 넘치는 죄업이 수

성철 스님의 죽음

미산을 지나친다. 산 채로 무간지옥에 떨어지니 그 한이 만 갈래나 되는구나, 둥근 수레바퀴 붉음을 내뱉어서 푸른 산에 걸렸다'는 열반송을 남기신 그분, 성철 스님……

수십 년을 심심산골 깊은 곳에서 누더기 가사 한 벌로, 안락과는 상관없이 사신 그분이 무에 그리 죄가 많으신 걸까.

아마도 철학의 고매한 경지를 이룩한 석가모니를 신격화하여 돌로 만든 우상 앞에 절하게 만든 불교 교리의 왜곡을 뉘우치셨던 것은 아닐까……

성철 스님의 삶은, 쾌락만을 추구하는 이기주의가 팽배한 이 시대에 신선한 충격을 던지고 있다.

'인간이 그렇게 살 수도 있느냐'며 모두들 놀라워하고 있다.

그러나 안타깝게도 그 숱한 인고의 세월과 해탈을 위한 인간적 노력이 헛되고 말았다. 그분은 분명 자신이 '산 채로 무간지옥에 떨어졌다'고 말씀하셨다.

연일 매스컴의 보도 아래 그분을 신격화(?)하는 불교인의 모습에서, 성철 스님의 진리 앞에 서신 솔직함과 고귀한 인품이 행여 희석되지나 않을까 염려스럽다.

・ ・

사랑이 많으신 주님, 참 진리를 알지 못하고 세상의 지식이나 철학으로
의인 되고자 몸부림치는 모든 이의 영혼 위에 은총을 베푸소서.
이로 인하여 우리의 행위로가 아닌 예수님의 은혜로 의롭다 함을
얻을 수 있음을 저들로 인하여 알게 하소서.
예수님의 이름으로 기도합니다. 아멘

성철 스님의 죽음

새 성전

요즈음 우리 내외는 즐거운 고민을 하고 있다. 다름 아닌, 주님께서 허락하신 새 성전을 어떻게 하면 더욱 예쁘게, 더욱 편안하게 꾸밀까 하는 생각으로 늘 분주하다.

집에서 예배를 드린 지 일 년 육 개월 만에 예수님은 참으로 반듯하고 아름다운 성전을 허락하신 것이다. 그 건물이 남현동에 서는 날부터 우리는 오가며 기도했었다. '네 발로 밟는 그 모든 지경을 너희에게 주리라'고 약속하신 주님의 말씀을 믿고, 여리고 성을 함락시킨 이스라엘 민족의 심정이 되어 기도해 온 것이다.

처음 예수사랑교회가 이 땅에 탄생할 때 우리 내외는 금식하며 주님께 뜻을 물었었다. 주님은 사랑을 널리 전파하라고 말씀하셨고, 우리 내외는 순종하는 마음으로 사택의 방 하나를 아름답게 개조하여 주님께 봉헌하였다.

그동안 열심을 다하지 못한 부분들에 대해서는 예수님께 송구스런 마음 그지없지만 '복음의 빚진 자'로서 겸손하게 사역을 감당하리라 늘 마음속 깊은 곳을 다스려 왔다.

주님 앞에서 죄인이라는 사실을 고백할 때만 겸손해질 수 있다는 사실을 알고 있는 우리 내외는 예수님을 알지 못했던 지난 날을 되돌아보며 날마다 예수님의 용서하심과 사랑을 되새기곤 한다.

벼는 알곡이 알찰 때만 고개를 숙인다. 목회 경륜이 더해질수록 더욱 겸손해지고, 주님을 향한 열정이 뜨거워지길 바라는 것이 또한 우리의 기도제목이다.

이제 예수사랑교회는 새로운 전환점을 맞이하게 되었다. 그동안 기도해 온 사랑하는 지체들의 기도가 결실을 맺게 된 것이다.

양팔이 늘 하늘을 향해 있어 손 모으고 기도하는 것이 소원인 에스더 자매님, 양다리와 팔이 원인도 모르게 오그라들어 휠체어에 몸을 의지해야 하는 이혜숙 자매님, 평생을 지체부자유자라는 멍에를 지고 살아야 하는 그들의 기도와 저 멀리 철책선의 외로운 그늘 밑에서 시린 손을 모으고 기도해 준 사랑하는 병사들, 그리고 우리와 함께하는 모든 사랑하는 이들의 기도를 주님께서는 응답하신 것이다.

교회가 커지면 사랑이 식는다고들 염려한다. 하지만 예수사랑교회는 주님 앞에 서는 그날까지 변치 않으리라 결심한다.

일전에 만나 뵌 전진 원장님은 82세의 고령이신데도 눈빛은 어린아이처럼 맑으셨고, 주님 사랑으로 여전히 불타오르고 있었다. 그분 앞에 무릎 꿇은 우리 내외를 향해 그분은 간절히 기도하셨다.

"예수님의 사랑이 널리 널리 퍼져 나가게 하옵소서……."

　　　· ·

사랑의 주님, 믿음으로 기도하는 모든 것 위에 아름다운 실상으로
응답하여 주시니 감사합니다. 이제 주께서 주신 새 성전을 통하여
하나님 나라가 확장되고 상처받은 이들이 치유함을 받으며 소외된 자들이
안주하여 기쁨은 더욱 큰 기쁨으로, 슬픔은 오히려 인내와 사랑으로
승화시키는 예수사랑교회가 되게 하옵소서.
예수님의 이름으로 기도합니다. 아멘

돌은 돌일뿐……

S성도님을 처음 만나 뵌 것은 몇 달 전 병원에서였다.

만사가 얼기설기 엉켜 도무지 풀리는 기미가 보이지 않아 늘 속이 답답하고 컬컬했던 차에, 새벽부터 목욕재계하고 절에 가서 돌부처님께 백팔 번 절하며 만사형통을 기원하고 오던 그분은, 그만 산길에서 넘어져 옴짝달싹 못하는 처지가 되어 병원신세를 지고 있던 거였다.

주님 사랑을 어슴푸레 알기는 알았어도 아직도 미지근한 박○○ 성도님의 정보(?)에 따라 남편과 나는 병실에 들어섰고 침대에 누워있던 그분은 어둡고 싸늘한 얼굴로 돌아누워 버렸다. 손을 꼬옥 잡으며 예배드리겠다고 말씀드리니 그분은 마지못해 고개를 끄덕였다.

그분 곁에는 며느리로 보이는 젊은 여인이 있었는데 후에 알고 보니 장로이신 조부님을 비롯하여 전도사님이신 어머님의 신앙지도와 기도로, 뿌리 깊은 믿음의 가정에서 자란 현숙한 여인이었다.

장애인을 위한 특수교육학을 전공하고 독일유학을 앞두고 있는 그녀는 어떤 청년을 만나 사랑에 빠져 버렸는데 다름 아닌 S성도님의 아들이었고, 결국 친정어머니의 눈물어린 기도와 목숨을 불사한 반대를 저버린 채, 믿지 않는 가정에서 고난의 십자가를 지게 된 터였다. 3년여의 결혼 생활 중에 하는 일마다 되는 게 없었고 하나님께서는 그만 태문까지 닫아버려 시어머니의 마음을 애타게 하고 있었다. 한약이다, 양약이다, 각종 처방은 물론 시어머니의 -S성도님의- 부처님 공양마저도 헛것이었다.

　　그러던 차에 시어머니의 사고가 터진 거였다. Y시에서 직장 생활을 하고 있는 그녀의 처지로써는 시어머니의 병구완을 할 수가 없어서 늘 자신을 위해 눈물로 기도하는 친정어머니께 간호를 부탁 드렸다. 예로부터 처가와 칫간은 멀수록 좋다는 말이 있을 정도로 기실 가깝고도 먼 것이 사돈지간이지만 친정어머니의 기도와 헌신은 특별한 거였다.

　　남편과 첫 예배를 드리던 날 며느리와 친정어머니는 너무도 큰 기쁨에 어찌할 바를 모르셨다. 맑은 물로 몸을 씻어내는 꿈을 꾼 후 마음이 평안해졌다는 S성도님은 심방할 때마다 변화되는 모습이 역력했다.

　　드디어 어제는 퇴원했다는 소식을 듣고 가정에서 첫 예배를 드렸는데 그분은 기쁨과 확신으로 가득 차 보였다.

　　너부적하게 앉아있던 부처님의 형상이 내려졌고 썩은 쌀이 그득한 신주단지와 부적을 없애 버렸다. S성도님은 힘주어 말했다. "절에 갈 때 목에 걸었던 저 염주도 없애 버려요!"

몇 주일 전에는 그렇게도 고대하던 손주를 갖게 되었다며 즐거워했고 축하하는 마음으로 S성도님을 꼭 안아 드리자 꺼이꺼이 우시는 거였다. 그동안의 인생살이에서 맺힌 한스러움이 위로받는 순간, 몰려오는 기쁨의 눈물이지 싶었다.

어제는 조계종정 성철 큰 스님께서 열반하셨다는 기사가 사회면의 톱기사를 장식했다. '산은 산이고 물은 물이로다'는 법어가 유명하다 했다. 참으로 공감이 되는 말씀이시다. '산은 산이고 물은 물이라면 돌은 돌일 뿐, 어찌 돌부처가 신이 될 수 있으며, 더욱이 우리 인생의 문제를 책임질 수 있으랴!'

· ·

사랑의 주여, 만물의 창조주이시며 우리 인생의 주관자이신 하나님을 모르는
인생들에게 빛을 비추시어 주님을 알게 하는 은혜를 주시니 감사합니다.
저 거대한 우주와 달과 별의 운행과 사계절의 아름다움은 물론,
우리들의 삶을 통치하시는 주님을 찬양합니다.
예수님의 이름으로 기도합니다. 아멘

돌은 돌일뿐……

'왜'가 아닌 '무엇'으로

　지난 주일 찬양예배 시간은 필수 형제가 연출해내는 모노드라마-mono drama-로 주님께 뜻있는 시간을 드릴 수 있었다.

　하얀 벽으로 둘려진 작은 공간에 갇힌 채로 자신을 향하여 끝없이 질문하고 대답하는 '갇힌 자'의 독백과 자신을 싸고 있는 짙은 고독에서 벗어나고자 하는 몸부림으로 홀로 연출해내는 일인다역의 연극에서 우리 마음 깊숙이 내재된 유신-有神-과 무신-無神-의 끊임없는 싸움을 엿볼 수 있었다. 주님을 모르면 모르는 대로, 알면 아는 대로 우리는 늘 방황한다. 그러나 예수 그리스도의 처절한 죽음을 통하여 우리의 결국을 알게 된 '갇힌 자'는 더 이상의 질문을 멈추게 된다.

　필수 형제의 온몸으로 말하는 연기를 통해 내 자신의 연약한 모습을 적나라하게 바라볼 수 있는 시간이었다.

　우리는 가끔 이웃을 향하여, 또는 나 자신을 향하여, 아니 하나님을 향하여 왜-why-라는 질문을 던진다. 그 질문의 저변에는 동전의 앞뒷면처럼 유신-有神-과 무신-無神-이 함께 존재

하는지도 모른다.

나의 삶 가운데 연약함으로 인해 '왜'라는 항변이 솟구칠 때마다 특별히 가슴 한켠을 차지하고 있는 신부님이 계시는데 A.J크로닌의 작품, 「천국의 열쇠」에 주인공으로 등장하는 '치셤' 신부님이시다.

치셤 신부님의 초기 중국 선교는 중국 전역에 뿌리 깊이 내려진 미신을 상대로 목숨을 거는 전쟁터였다.

이런저런 고난 끝에 몇 안 되는 사람들을 전도해서 흙벽돌로 예배당을 짓게 되었다. 마침 본국에서 선교현장을 시찰하러 동료 신부인 '안드레'가 오기로 되어 있었던 터라, 기왕 하던 공사에 박차를 가해 흙벽돌담을 쌓던 중, 그만 하늘이 뚫린 듯 장대비가 쏟아져 내려 예배당의 자취는 허무하게 사라져 버린다. 정치성이 농후하고 수완이 좋은 친구 안드레로 구성된 시찰단으로부터 호된 비난을 받은 것은 당연한 일이었다.

붉은 황토물이 강을 이루듯 흘러내리는 교회터에서, 빗물에 흠뻑 젖어버린 치셤신부님은 '왜'라는 질문을 던지지 않고 삽을 들어 묵묵히 하던 일을 계속할 뿐이었다. 하나님을 향하여 할 수 있는 치셤 신부님의 질문은 '왜'가 아닌 그 '무엇'이었다. 이유 없이 닥쳐오는 억울한 고난 앞에서 '왜'라는 질문으로 몸부림치기보다는 '무엇'을 더해야 될까 무릎으로 아뢰는 겸손만이 삶의 승리를 약속한다.

세상은 우리에게 물을지도 모른다. '진짜, 네 하나님이 계시느냐고……'

'왜'가 아닌 '무엇'으로

그럴 때 우리는 이렇게 대답할 수 있다. '존재, 그 자체가 하나님의 임재를 의미하는 것'이라고.

몇 평 안 되는 하얀 벽 속에 까만 옷을 입은 채로 갇혀 사는 것은 주님을 알기 전 우리의 모습이다.

'갇힘'으로부터 '자유함'을 누릴 수 있는 길은, 끝없는 자기 비하와 항변과 방황으로부터 오는 짙은 고독을 물리치고, 예수님의 십자가를 바라볼 때 만이 가능하다는 것을 보여주는 인상 깊은 연극이었다.

• •

사랑의 주님, 우리의 삶 속에 찾아오는 예상 밖의 문제 속에서 우리를
모든 재앙과 고독과 답답함으로부터 자유롭게 하신
그리스도의 십자가를 바라보게 하옵소서.
예수 그리스도 이름으로 기도합니다. 아멘

잃어버린 약속

여학교시절이었다.

교장 선생님과 서무과장 선생님을 모시고, 학생회 임원 둘과 시내 외곽에서 꽤나 떨어진 어느 야학교를 방문한 적이 있었는데 그때 느낀 안쓰러운 감정은 아직도 생생히 내 가슴속에 남아 있다. 내가 다니던 여학교는 그때 당시 도내에서 가장 시설이 잘 갖추어져 있는 사립학교였는데 교장 선생님의 자상한 배려와 가톨릭 학교 특유의 정서로 여학교다운 면모를 충분히 갖춘 학교였다. 한층 건너 수도시설과 전신을 비추는 대형거울들이 곳곳에 걸려 있었고 6층 건물의 위층 대부분은—그때 당시 6층 건물은 꽤 높은 빌딩 축에 들었다— 각종 실습실로 온갖 장비를 갖추어 놓고 있었다.

그런데 내 눈에 비추어진 그 야학교는 한마디로 비참함의 극치를 달리고 있었다. 야산을 깎아낸 황토 빛 언덕에 초라하게 얹어진 판잣집은 비바람에 시달려 지붕은 온통 땜질이었고 엉성한 교무실을 사이에 두고 있는 두 칸 교실엔 곰보딱지 칠판

이, 수염이 검실검실하게 났거나 시집갈 나이쯤으로 보이는 학생들을 향하여 희끄무레하게 그 모습을 드러내고 있었다.

학생들은 부자학교 교장 선생님의 승용차가 생소하게 보였는지 모두들 긴장된 표정으로 굳어 있었고 누더기 책상 앞에 앉은 그들은 자신들보다 한층 젊어 보이는 대학생 선생님의 열강엔 별 관심이 없어 보였다. 난 참관인(?)자격으로 교장 선생님과 나란히 교실 뒷자리에 앉게 되었다.

그들의 눈엔 내가 부자학교의 행복한 학생으로 보였겠지만 기실 내 형편은 정반대였다.

장학금을 받지 못하면 당장 학교를 그만두어야 할 처지여서 난 결사적으로 밤샘공부를 해야 했고 계절마다 바뀌는 교복은 늘 선배들의 대물림으로 충당해야 했다.

참고서 한 권 사본다는 게 사치였던 내 처지를 아시는 선생님들께서는 새 학기마다 과목별로 나에게 참고서를 챙겨주시곤 했었다. 내 속사정을 알 턱이 없는 그 학생들은, 머리가 희끗희끗하고 풍모가 훌륭한 교장 선생님과 나란히 앉은 부자학교 학생인 날 퍽이나 부러워하는 눈치였다.

난 그때 어설픈 신앙심으로 예수님께-그때 당시는 성모님께-기도했었다.

"전, 무슨 일이 있어도 대학 들어가면 여기 와서 학생들을 가르칠래요, 꼭꼭 약속할게요. 나중에 어른이 되어 이런 친구들을 도우며 함께 살겠어요."

그렇게 한 약속은 대학 들어간 후 조금씩 잊혀지고 있었다. 아니, 간혹 생각이 날 때마다 가슴 조이는 조급함이 있었지만,

학비 벌랴, 몸져누우신 어머님 돌보랴, 미팅 한 번, 심지어 소풍 한 번 제대로 가보지 못하고 대학생활을 마감하고 말았다.

그렁저렁 많은 세월이 지났다. 몸이 분주하기도 하고 정신이 바쁘기도 한 오랜 세월이었다. '야학교 약속'이 까맣게 잊혀졌던 5년 전, 하나님은 기어이 날 '비참한 야학교' 칠판 앞에 세워 놓으셨다. 땅 부자 교장 선생님의 학교라고 하기엔 걸맞지 않는 가건물 하꼬방이었는데 안양의 공장 밀집지역에 자리하고 있었다. 난 그때, 새벽부터 일해야 하는 바쁜 생활을 하고 있었지만, 감사함도 없이 헌신짝처럼 교만하게 내어던진 교직에 대한 후회와 그리움이 무보수 선생 자리를 마다할 수 없게 하였다. 대부분이 결손 가정의 불우한 처지에다 연령에 걸맞지 않는 거센 일에 시달리며, 공부하려는 일념 하나로 너덜거리는 책상 앞에 앉은 그들을 향하여 '피곤하다'는 생각을 갖는 것조차 죄악이었다.

한 해가 분주히 달려가고 있나. 특별히 열심히 가르친 만큼 많이 배운 한 해였다.

한 해의 막바지를 보내면서 해묵은 이야기를 자분자분 해보는 이유는 예수님의 신실하신 약속이행 때문이다.

그분은 단발머리 여학생의 순수한 기도를 기억하고 계셨고, 그 약속을 까맣게 잊은 날 일깨워 그 약속을 지키게 하셨다. 주님께서는 우리의 죄과는 없었던 일처럼 잊으시나 그분을 향한 우리의 사랑 약속은 잊으시는 법이 없으신 분이란 걸 말하고 싶어 색 바랜 사진첩처럼 희미해진 옛 얘기를 적어 보았다.

· ·

사랑의 주여, 우리는 비록 잊었다 할지라도 주님을 향한 작은 기도를 세밀히
기억하시니 감사하나이다.
더욱이 우리의 죄과는 기억치 않음으로 인하여 더욱 감사하나이다.
예수님의 이름으로 기도합니다. 아멘

친구의 손

　며칠 전 오랜 친구를 만난 그곳은 서울에서도 특별히 부자들만 산다는 아파트촌이었다. 세계를 향하여 국위를 선양한 국제경기만큼이나 훌륭하게 만들어진 아파트가 밀집된 지역이었는데, 그 동네에 사는 것만으로도 꽤나 긍지 있게 보일 정도였다.

　어쨌든 그 동네로 가슴 부풀어 시집간 내 친구는 삼십을 훨씬 넘긴 나이에 사내아이 하나 딸린 사람을 남편으로 만났다. 그 애가 시집갈 무렵, 난 다시 한 번 생각해보지 않겠느냐고 여러 번 권유했었다. 물론, 사내아이가 특별히 개구지다거나, 깐깐한 시부모님을 모셔야 한다거나, 그때 당시 친구의 직장이 특별히 좋아서만은 절대로 아니었다.

　가끔 만나 데이트하고 돌아온 이야기를 주욱 들어볼라치면 남편 될 사람이 떼 부리기 좋아하는 사내애처럼 끊임없이 내 친구의 양보와 배려를 요구하는 것 같아서 몇 가지 지적할라치면, 국내 굴지의 L백화점에 가게를 몇 개 가졌다든가 어디어디

에 묻어놓은 부동산이 얼마라든가 하는 이야기로 돌려대기 일
쑤였고 가끔은 번쩍거리는 팔찌나 귀걸이를 하고 와선 꼼짝없
이 내 기를 꺾고 마는 거였다.

결혼의 행복이 재산의 많고 적음에 있는 것이 아니라, 서로
의 신뢰와 배려가 얼마나 중요한 것인지를 아무리 설명해주어
도, 이 늦은 나이에 시집가는데 지질이 쪼그라든 집으로 시집
가서 전세방부터 시작해야 되겠느냐고 제법 합리적인 반론을
펴는 거였다. 아닌 게 아니라, 그때 당시 쪼끄만 월세방에서 남
편 신학공부 뒷바라지하랴, 야학에서 가르치랴, 내 공부하랴,
동동걸음치는 내 처지가 그 애 보기엔 도무지 설득력이 없었을
터였다.

단지, 때로는 친구처럼 때로는 연인처럼, 한 목표를 향해 밀
고 당기며 살아가는 우리 모습을 가끔 부러워할 뿐이었다.

숱한 이야기 끝에 내 친구가 시집가던 날은 강남 최고의 M
예식장에서 비까비까 결혼식을 올렸고, 몇 달 후에 무스탕 반
코트에 가죽스커트를 입고, 각종 악세사리로 장식한 그 애를
아들아이 스케이트 레슨장에서 만날 수 있었다.

그리고 난 후 아들을 낳았다는 소식과 간간이 시어머님의 겨
울 삭풍처럼 센 시집살이 얘기는 들어왔지만 '사랑'이란 이름이
붙은 큰 교회의 집사님이신 시부모님의 신앙 이력을 아는 터인
지라, 보통 그러려니 생각해온 터였다.

벌써 첫돌이 한참 지난 둘째 아들-그 애로서는 첫아들-을
색 바랜 옥색 포대기에 들추어 업고 집 근처 고층 아파트를 배
경으로, 곧 울음이 터질듯한 슬픈 미소를 띠고 서 있는 내 친구

를 만난 것은 바로 엊그제였다.

만나자마자 빨리 집에 들어가야 한다는 그 애를 사뭇 이끌어 간 이커피숍의 의자에 앉았다. 아들이 참 잘생겼다는 내 인사에 그 애는 잘난 데가 어디 한 군데나 있냐며 힘없이 말하는 거였다. 첫 손주만 싸고도는 시어머님의 편애에 화를 내고 있는 듯했다. 돌잔치엔 왜 초대하지 않았냐는 물음에는 집안사람들의 무관심을 입속말로 얼버무리는터라 그만 무슨 말을 해야 할지 몰라 머뭇거리다가 무심결에 본 그 애의 손 때문에 난 그만 깜짝 놀라고 말았다.

물과 세제로 거칠게 부어오른 손가락은 붉은빛으로 군데군데 갈라져 있었다…….

노처녀시절 반짝이는 매니큐어를 바르고 온 날은 씽긋 웃으며, 손결의 매끄러움을 자랑하기도 하고, 바쁜 나를 위해 맛있는 수제비를 썩썩 빚어주던, 바지런하고 예쁜 손이었는데…….

고장 난 수도꼭지에서 물새는 것 마냥 줄줄 흘러내리는 눈물을 미처 닦지도 못한 채 그 애는 내게 말했다.

"사람대접 만이라도 받고 살았으면……!"

시집가기 전 신앙이 없던 그 애에게 난 열심히 복음을 전했었고 시부모님을 따라 교회에 다니겠다는 약속도 한 터였다. 그러나 지금은 오히려 하나님을 원망하고 미워하는 듯하였다. 그런 그 애에게 하나님께 의지하고 기도하자는 얘기는 차마 할 수 없었다.

외출 나가신 시어머님께서 돌아 오셨을지도 모른다며 허둥지둥 돌아가는 그 애의 뒷모습을 그저 멍하니 바라만 볼 뿐이

친구의 손

었다.

오랜 친구를 만난 기쁨보다는 우울함이 더한 하루였다.

• •

사랑의 주여, 우리가 행여 말로만 사랑을 외칠 뿐 가까운 이웃마저도
외면함으로 인하여 천국 문을 막고 서 있는지는 아닌지 돌아보게 하옵소서.
그로 인하여 자신의 모습을 늘 주님의 말씀에 비추어 보게 하옵소서.
예수님의 이름으로 기도합니다. 아멘

친구처럼 내 곁에 있어 줄 당신

'이젠 그 무엇보다도 당신이 필요하오. 새벽에 돌아오겠소.
늦은 시간까지 강의하느라 수고가 많구려. 저녁 거르지 말고 꼭
과일이라도 먹고 자요. 잘 자요.
아름다운 꿈을 꾸면서……. 당신을 사랑하는 남편 서권.'

 늦은 시각, 돌아온 저를 맞이하는 당신의 쪽지는 그 옆에 놓
인 달콤한 포도 한 송이와 가을 사과의 서늘한 맛보다도 오히
려 청정한 것이었습니다.

 일 년 반이라는 시간을 아주 조그만 교회에서 예배드리다가
성전을 옮기느라 하나님께 부탁할 말이 많았던 당신은 밤마다
찬 이슬을 맞으며 기도했었죠.

 늦은 시간까지 강의 스케줄이 있는 날엔 더운밥은 커녕 식
사마저 거른 채 산 기도를 떠나는 당신을 생각하며 아내로서
할 일을 다 못한 것 같아 가슴 한켠이 아릿해 오다가도, 허전한
마음에 꼭 그렇게 산기도를 가야 하느냐고 투정을 부리던 때가

더 많았음을 용서하세요. 이제는 주님께서 아름다운 새 성전을 주셨으니 얼마나 감사한지요.

그다지 큰 성전은 아니지만, 요목조목 예쁘게 꾸며질 때마다 어린아이처럼 즐거워하던 당신 모습에서 하나님이 왜 그리도 당신을 사랑하시는지 조금은 알 것 같더군요.

새 성전에서 첫 예배를 드리던 날, 당신 뺨에 흐르던 눈물이 시냇물이 되어 아직도 제 가슴을 굽이돌아 흐르고 있습니다.

예수님 사랑을 전할 때나, 예수님의 십자가를 바라볼 때마다 눈자위가 붉어지는 당신 모습에서 주님을 알지 못했던 지난날의 회한과 이제 '내 양을 먹이라'고 명령하신 주님의 사랑에 감격하여 눈물 흘리는, 복음의 빚진 자 된 당신 마음을 엿보게 됩니다.

사랑하는 서권씨. 당신에 대한 부름이 전도사님이나 강도사님이기를 거부하던 저의 고집도, 사모이기 전에 한 남편의 아내로서, 한 여인으로서의 기득권을 주장하던 저의 개성도 목회자로서의 연륜을 쌓아가면서 어느새 제풀에 꺾여 버리고 말았습니다.

성도들이 기뻐하면 우리도 덩달아 기뻐하고, 성도들 중 단 한 사람이라도 우울해하면 우리는 밤새워 슬퍼하며 고민합니다.

우리의 행복이나 즐거움이 이제는 당신과 나의 것만이 아닌, 우리 예수사랑 가족 모두의 것임을 아는 지혜로 이제는 성숙해졌나 봅니다. 하지만 아직도 여물지 못한 제 모습은 끝없이 주님 사랑과 당신 사랑을 요구합니다. 서너 시간 눈을 붙인 후 젖은 솜처럼 무거운 몸을 이끌고 새벽기도에 나설라치면 평생을 이렇게 살아야 하나, 남들처럼 달콤한 잠은 이제 끝나 버렸나 싶어서 '꼭 이래야 되느냐'고 철없는 소리를 할 때마다 기왕 가야 할 길이니 즐거움으로 가자며 손을 꼬옥 잡아 주는 당신의 손길에서 미래에 대한 안도감을 느끼곤 합니다.

그 투정이 저의 진짜 마음이 아님을 당신도 이미 알고 계시겠지요.

사랑을 나누어 줄 때의 기쁨과 그 넉넉함으로부터 오는 행복의 무게를 익히 알게 되었으니 사모로서의 길도 묵묵히 가려 합니다.

지난 주일이던가요.

철야예배 시간엔 왜 그리도 주책없이 눈물이 흐르던지 도무지 멈추어질 것 같지가 않았답니다.

'나 이제 말없이 주님을 위하여 떠나야 해'라고 말하는 '친구의 고백'은 제 노랫말이 되어 아우성으로 제 마음을 후비고 들어왔지요. 그렇군요.

이제, 우리 말없이 주님을 위해 떠나요. 당신과 함께라면 어디든지 자신 있답니다. 우리의 즐거움이 있는 곳이 아닌, 우리로 인하여 다른 이들이 즐거워할 그곳으로, 우리를 필요로 하는 곳이라면 어디든지……. 당신과 나, 함께 떠나요.

제 마음이 이렇듯 단단해져 있음에 놀라워할 당신 모습을 그려 봅니다.

저는 당신으로 인해 영혼을 사랑한다함이 무엇인지 배워가고 있습니다.

친구처럼 내 곁에 있어 줄 당신

사랑할 수 없는 사람이나 사랑할 필요가 없다고 생각되는 사람도 사랑할 줄 아는 넓은 마음을 갖게 되었지요.

발로 밥을 먹는 에스더 언니나 늘 배가 남산만 한 종만이 형제, 니나노집하는 어머니 때문에 뱃속에서부터 술에 취해 나와 늘 얼굴이 벌건 용문이 형제, 머릿속은 좀 맹맹해도 반가움으로 저를 번쩍 안아 올리는 수진이 엄마, 비가 펄펄 온다는 종환이 형제, 38인치를 웃도는 허리 사이즈와 거대한 배를 출렁이며 허허허 웃는 미영이 자매를 향한 제 사랑이 얼마나 그득한지 당신도 아시지요.

사랑하는 서권씨. 남편이라기보다는 연인처럼, 목사님이기보다는 친구처럼 제 곁에 다가오는 당신이기를 바랍니다.

그런 당신을 바라보며 아직도 가슴 두근거리는 당신 아내이고 싶습니다.

그러다가도 마른 땅 같은 심령 위에 메마름을 적시는 늦은 비처럼 모든 이들에게 위로와 사랑을 주는 목회자이기를 기도합니다.

가슴으로 뜨겁게 예수님을 사랑하고 욕심 없이 모든 것을 나눌 줄 아는 목자, 성도들의 영혼을 진심으로 아끼고 염려하는 그런 목자이기를 기도하렵니다.

사랑하는 당신.

남태령을 감싸 안은 관악산의 산자락이 늦가을 빛으로 그 찬란함을 더해갑니다. 며칠 전 깊은 밤, 돌아오는 길에 함께 바라보았던 그 달빛을 기억하시겠지요. 은빛으로 밝게 빛나는 둥근 달을 바라보며 저렇듯 아름다운 마음씨를 갖자고 다짐했었지요.

　어제는 하늘이 금방 눈이라도 쏟아질 것 같은 잿빛이었습니다. 그렇듯 아름다운 자연을 바라볼 때마다 지난 날의 추억들이 새싹처럼 기억 속에 돋아납니다. 새벽 안개를 가르며 6사단의 필승교회를 향하여 가던 길, 선교회에서 저녁예배를 드리고 아카시아 향기 그윽한 밤길을 찬양을 부르며 돌아오던 길, 보랏빛 쑥부쟁이가 흐드러지게 핀 가을 길을 '파바로티'의 음악을 들으며 드라이브하던 일…….

　일일이 헤아릴 수 없는 당신과 나의 아름다운 추억들은, 가끔은 울컥하는 당신의 급한 성격 때문에 작은 상처가 난 내 마음을 넉넉히 치유해 주기도 하지만, 주님나라 향해가는 순례의 길 가운데 햇살 받아 빛나는 맑은 샘물이기도 합니다.

　사랑하는 당신, 가을걷이를 마치고 겨울날의 기쁨과 안식을 준비하는 이때에 넘치는 사랑을 당신께 드리며 이만 줄이겠습니다.

목사안수를 축하하며

친구처럼 내 곁에 있어 줄 당신

처음 마음

초저녁 시간이 되어가는 토요일 오후.

교회에 주름살 깊은 시골 할아버지께서 찾아오셨다. 논산 변두리가 댁이신 그분은 늦게 둔 막내아들의 면회를 다녀오시는 길이라 했다.

삼팔선 근방의 최전방 부대에서 제대를 두 달 앞둔 채 복무 중인 아들로부터 급히 십오만 원이 필요하다는 연락을 받고서는, 평소 돈 투정해 본 적이 없는 참한 아들로부터 온 뜻밖의 돈 주문에, 행여 말 못할 사고나 친 게 아닐까 하는 불안감으로 첫 면회 길을 서둘러 오셨다는 거였다.

분명 어렵사리 마련하였을 성싶은 22만원 중 15만원을 아들에게 건네주고 하룻밤 여인숙 숙박비에다 아들이랑 국밥 한 그릇 먹고, 집으로 내려갈 차비 3만여 원을 남겨 두셨다 한다.

그런데 할아버지께서 보여주시는, 낡고 무거운 구식 외투 안 주머니는 예리한 칼로 누군가에 의해 찢겨져 있는 거였다. 상봉 터미널에서 오도가도 못하게 되신 할아버지께서는 아주 오래 전, 시골 친구가 사당동 어딘가로 이사했었다는 기억이 나자 지 푸라기라도 잡고 싶은 심정으로 사당역 근처로 오신 터였다.

물어물어 찾아간 친지댁은 이사해 버렸다는 거였고 아차 싶 은 할아버지는 궁리 끝에 시계방으로 들어가셨다 한다. 할아버 지가 가지신 것 중 가장 값나가는 것은 시계뿐이라는 생각이 드셨지 싶다.

비까번쩍하는 시계방 주인에게 시계 잡히고 차비 정도 부탁 해 보았지만 거절당한 것은 당연한 일이었다. 그도 그럴 것이 매일 아침 시간 정해놓고 밥 주어야 똑딱똑딱 가는, 뭉퉁한 할 아버지 시계는 이미 구식을 지나 길에 버려도 안 주어갈 만한 것이니 시계방 주인으로서는 황당하다 못해 할아버지의 정신 이 오히려 의심스러울 정도였을 터이다.

머리를 굽신대며 끈질기게 부탁하는 할아버지의 주문에 귀 찮아진 주인은 '천 원짜리도 안 된다'는 결정적인 말로 할아버 지를 쫓아(?)버렸다.

어스럼 저녁은 되어가고, 유난히 샘이 큰 봄날 늦추위로 무 척이나 춥고 힘 빠진 할아버지는 붐비는 사람들 사이로 문득 어떤 불빛을 보시게 되었다.

'예수사랑……!'

어둠의 베일이 차츰 드리워지는 저녁 하늘 아래 밝게 빛나는 그 글씨는 시골교회 전도사님으로부터 몇 번인가 들어보았음직 한 말이었다. 그렇지, 교회에선 하룻밤 잘 수 있을게고, 그러다 보면 대책이 나오겠지 하는 마음으로 불빛을 향하여 걸어오신 터였다.

할아버지께서는 깔끔하고 포근한 교회 분위기에다, 맞이하는 청년들의 눈빛이 선해 보였고 더욱이 키가 훤칠하고 인정 많아 보이는 남편의 따뜻한 영접에 적이 마음이 놓이셨는지 손가락 지문이 닳아지도록 새끼 꼰 뭉툭한 손을 연신 비비며 인사를 하셨다.

우리 교회에서 맘 놓고 식사하시고 주무시면 차비도 넉넉히 드릴 터이니 안심하시라는 남편의 권유에 할아버지는 달기똥 같은 눈물을 뚝뚝 흘리며 말씀하셨다.

"그라시면 지금 당장 내려갈란디요……, 빨리 집에 가고 싶당게라……."

할아버지의 낡은 구두코에 그렁그렁 맺혔던 눈물이 뚝뚝 떨어졌다.

사당 전철역 부근으로 예수사랑 교회가 이사한 지 이제 4개월째 접어들고 있다. '이름이 좋아서', 많은 분들이 찾아오신다. 이사한 지 며칠 안 돼서는 할머님 한 분이 오셔서 며칠 묵어가신 일이 있다. 조금 떨어진 큰 교회에서 건너편 예수사랑 교회가 새로 생겼으니 가면 재워 줄 거라는 친절한(?) 안내를 받고 찾아오신 분이셨다. 그분을 시작으로 해서 참으로 많은 분들이 찾아오신다. 일전에는 중병에 걸려 일도 하지 못하고 오갈 데가 없는 분이 오셔서 우리 선교회에 보내드리기도 했다.

그런 분들이 오실 때마다 공부하며 교회에 머무는 우진 형제는 친절하게 맞이하는 것을 잊지 않는다. 사오일 묵어가시는 할머니를 정성껏 모시기도 하고 자녀 셋을 데리고 하룻밤 묵어가신 아주머니께 친절을 베풀어 며칠 후 상담전화가 올 정도여서 명실공히 '당회장'이라는 유쾌한 별명을 얻은 터였다.

이제 며칠 후면 남편은 목사안수를 받게 된다. 신학을 처음 시작할 때 우리는 하나님께 약속드렸다. 주님께서 선교지로 보내실 그날까지 복음의 빚진 자 되어 어려운 이들을 겸손하게 섬기겠다고…….

목사가 된다 함은 하나님의 편에서는 '더욱 낮은 자'가 되었음을 의미한다. 그래서 우리 내외는 이렇게 기도부탁을 하곤 한다. '처음 마음이 주님 오실 그날까지 변치 않기를 기도해주세요…….'

· ·

사랑의 주님, 소외되고, 상처 입은 자들과 함께 넉넉한 사랑을
나눌 수 있기를 기도합니다. 이 처음 마음이 결코 변하지 않게 하옵소서.
그로 인하여 주님의 사랑을 찬양하오며 예수님의 이름으로 기도합니다. 아멘

처음마음

한 속인의 바램

　자정이 다 되어갈 무렵 L부장님의 '글 쓰는 방'을 찾았다. 아무리 바쁘더라도 꼬옥 꼭 함께 들러달라는 간곡한 부탁을 받은 터여서 늦은 시간임에도 불구하고 방문하였는데 깜짝이나 반가워하시는 걸로 보아 무척 기다리신 듯했다.

　과천에서도 공기 맑은 문원동 골짜기의 지붕 낮은 지하 골방이지만 온갖 책들이 그득하고 인생을 제대로 살고 있거나, 살다간 사람들의 숱한 이야기들이 채곡채곡 쌓여 있는 방이었다. 우리를 위해 집 어귀 슈퍼마켓으로 뛰어가시더니 사과며, 주스며, 오징어를 사오셨는데 포도주 한 병을 더불어 챙겨 오신 거였다.

　내일모레면 목사님이신데 그 전에 포도주 한 잔 마셔두는 게 어떠냐는 재치도 잊지 않으시며 자칭 '속인'인 그분은 소주 한 잔을 기분 좋게 드셨다.

　굵은 검은 테 안경 너머로 늘 선한 눈빛이 어리어 있는 그분은 예수님 사랑으로 평생을, 빛도 없이 이름도 없이 살아온 사람들의 숨겨진 삶을 발굴해내어 글로 엮어가는 일을 하신다. 기독교계에서의 십여 년 넘는 기자 생활을 통하여 그 누구보다도 비판적 안목이 밝은 터이지만 결코 비난의 펜을 들지 않으신다. 그분의 변에 따르면 자신이 결코 '옳게' 살지 못하기 때문이라는 거였다.

단지, 그렇게 살지 못하는 자신이 해야 할 일은 '옳게' 사신 분들의 숨겨진 이야기를 세상에 알리는 일이라 했다.

그래서 남의 이야기를 쓰는 일이 싫지만은 않다고도 하셨다.

바닷가 외진 곳에 글방 하나 두는 것이 소원이라는 그분을 위해 이번에 나올 내 수필집이 베스트셀러 되는 기적(?)의 그날, 통유리 끼워진 바닷가 별장을 하나 지어 드리기로 단단 약속해 둔 터이다.

새벽이 다 되어갈 무렵까지 오랜 지기 친구처럼 이런저런 얘기 하다가 머뭇거리며 내어놓은 그분의 선물에는 이런 편지가 끼워져 있었다.

- 목양의 한 길에 서는 분에게 드리는 한 속인의 바람

한맘으로 축하
매일같이 처음
선비형의 목사

눈물기도 계속
계심으로 위안

한 속인의 바램

순간틈새 경계
한길로만 직진

　연두빛 바탕에 검정 사인펜으로 또박또박 쓰인 이 글은, 손
끝에 닿는 감촉이 부드러운 옛스런 한지 봉투에 곱게 접혀 있었
다. 이제 내일이면, 더 낮은 자리에 서야 할 나의 남편, '목사님'
을 향하여, 간결하지만 긴 이야기를 품고서…….

· ·

사랑의 주님, 우리로 하여금 주님의 끝없는 인도하심과 그 사랑을
알게 하시니 감사드립니다. 우리의 가슴 한켠이 아리도록 아팠을 때나,
우리의 마음이 새싹처럼 소망으로 피어오를 때에도 여전히 함께 하신
하나님을 찬양합니다. 그로 인하여 우리들 마음이 늘 주를 향해
있게 하시어서 봄날의 소생함으로, 여름날의 무성함으로
그리고 가을날의 결실함과 겨울날의 따스함으로 우리의 이웃을
사랑하게 하옵소서. 예수님의 이름으로 기도합니다. 아멘

영안이 밝아야죠!

지나가던 잠자리라도 살 풋 앉을 듯 카폰 안테나가 날렵하게
서 있는 은회색 소나타Ⅱ를 끌고 윤기 나는 20대 후반 청년이,
개척한지 4년 남짓 된 P목사님의 교회에 찾아온 것은 사모님과
목사님께 큰 소망을 주는 사건이었다.

새로 부임한 구청장의 아들이라고 자신을 소개한 그 청년은
부터 나는 양복을 좌악 빼입었었고 위아래로 값나가는 것을 걸
치고 있었다.

단지, 언뜻 지나치는 인상에서 좀 건방진 것처럼 느껴지는
구석이 있기는 했으나 권력가의 부잣집 아들이니 그럴 수도 있
겠거니 하고 목사님은 생각하셨다.

예배시간에 한 사람만 새로운 얼굴이 나타나도 힘이 불끈
솟는 것 같은 목사님의 설교는 그날따라 유창하셨고 청년의 얼
굴에는 은혜 받았다는 표정이 역력했다.

이것저것 묻고 당장 등록을 시키고 싶었지만, 처음부터 너무
붙들고 관심 가지면 부담스러워한다는 것을 그동안의 경험으

로 잘 아시는 터인지라 "주여, 믿씁니다." 하고 정중히 인사를 주고받은 후 돌려보낸 터였다.

다음날 아침 일찍 '찌리리' 전화벨이 울리더니 그 소망스러운 청년의 목소리가 수화기 너머로 경쾌히 울려 퍼졌다.

"목싸아님이십니까? 저를 기억하시겠습니까, 어제 그 교회에서 예배드린 아무거시인데 참말로 큰 은혜 받았습니다."

잊을 리가 있나, 구청장 아드님을…….

설교에 은혜 받았다니 기분이 나쁘지만은 않은데 더욱 즐거운 것은 청년의 그다음 말이었다. 망나니로 놀던 자신이 쬐그만 개척교회에서 은혜 받고 큰 감동을 얻었다고 구청장 아버지께 말씀드렸더니 자기 아들 변화시킨 교회라면 온 식구가 그 교회에 나가야지, 암, 그래야지 하시며 건축헌금도 삼백만 원 주시겠다고 약속하셨다는 내용이었다. 지금 당장 목사님을 찾아뵈어도 괜찮겠냐는 물음에, 아이고, 두말하면 잔소리지, 어여 오시라고 대답하고서는 사모님께 찬장 뒤편에 꼭꼭 넣어두었던 홍삼 엑기스 차를 끓이라고 주문해 놓으셨다.

달콩달콩 기다린 지 얼마 안 되어 교회에 들어선 그 청년은 삼십만 원을 터억 내 놓으며, "목싸님, 종탑이 저렇게 녹슬어서야 되겠습니까. 이 돈 가지고 우선 새 종탑을 계약하십시오. 나머지는 다음 주일 부모님이 삼백만 원 가져오실 터이니 그것으로 충분히 될 거 아닙니까?" 하는 거였다. 그렇잖아도 빗물에, 눈 녹은 물에 벌게진 종탑을 바라보며 좀 더 높이, 깨끗하게 세웠으면 했던 터이지만 가난한 성도들 호주머니 생각에 차일피일 미루어 온 터였다.

어느새 교회에 관심 가진 것도 고마운데 수표 석 장을 터억 내어놓으니 기가 막히게 고마울 뿐이었다. 이런저런 얘기를 하던 끝에 그 청년은 교회 종탑만을 주로 하는 친구를 잘 안다는 거였고, 쇠뿔도 단김에 빼랬다며 오늘 당장 계약해서 밀어 붙이자는 거였다. 기왕 세우는 거 높이높이 세우자며 이백만 원은 족히 넘을 터이니 여기 내놓은 삼십만 원하고 계약금으로 목사님이 해 주실 수 있을 만큼 더 해주시면 친구에게 당장 가겠다고 했다.

목사님의 머릿속에 꼬불쳐 모아 두었던 은행저금 백만 원이 생각나서 그 정도면 되겠냐는 물음에, 옳거니, 그러면 됐다며 그 청년은 무릎을 쳤고 목사님은 분주한 사모를 시켜 돈을 찾아오게 하셨다. 도합 백삼십만 원을 가진 청년은 이 교회 재정 집사를 불러 같이 가면 어떻겠느냐고 주문해 왔고, 목사님은 전화를 해서, 평소 말은 느리지만, 행동은 신실한 충청도 김 집사를 급히 불렀다. 재정집사가 은회색 소나타를 그 청년과 함께 타고 엔진 소리도 경쾌하게 손 흔들며 떠나가자 목사님은 가슴이 터질 듯 기뻤다.

"주님, 사람을 통해 역사 하신다더니 이제 구청장이 다니는 교회가 되었습니다. 가암사 합니다아~."

사모님과 목사님은 창문을 활짝 열어놓고 '주와 같이 길 가는 것, 즐거운 일 아닌가'를 목청껏 부르시며 발을 굴러 장단을 맞추었고 '부름 받아 나선 이 몸'을 부를 때는 사모님까지 합세하여 눈물까지 글썽이며 은혜롭게 합창도 했다. 그런데 한 시간여가 지나자 충청도 집사님의 전화가 걸려왔다.

영안이 밝아야죠!

"목사아님~, 여기 ○○인데유~, 그 청년이 차에서 잠시 기다리라고 해놓고선 안 오네유~."

"아이고나, 이보게 김 집사, 좀 기다려 보게, 뭐 그리 성질이 급하당가."

다시 40여 분이 지나자 또 찌리리~.

"목사아님, 도통 안 온당게유~."

"예끼, 이봐, 좀 더 기다려봐."하고 수화기를 터엉 놓았지만, 왠지 기분이 찜찜한 게 불안해진 목사님, 이젠 도리어 충청도 김 집사의 전화를 안타까이 기다리게 되었다. 어디냐고 물을 걸, 찾아 나설 수도 없고, 이 느림보 집사가 한 시간이 지나도 전화 한 통 없는 거였다. 두 시간이나 지났을까…….

"목사아님~, 저예유, 여그 경찰서구먼유~."

콩알만 한 간이 툭 떨어진 목사님의 눈앞이 노래지고 말았다. 즉시 출두하라는 명령을 받고 경찰서에 달려가 본 즉 충청도 집사님은 경찰관 앞에 주눅 들어 앉아 조사를 받고 있었다. 알아본 즉 그 소나타는 역삼동 큰 교회 목사님의 도난 신고 차량이었고 그 차에 앉아 있었던 충청도 집사님은 졸지에 차 도둑으로 몰려 있었다.

미주알고주알 소상히 묻는 경찰관의 힘 들어간 취조에 그저 죄송 죄송하며 자초지종 주욱 설명할 수밖에…….

까짓 누명쯤이야 하나님이 아시니까 겁날 건 없었지만 한순간 날린 백만 원이 목사님의 눈앞에서 어른거렸다.

속이 쓰리고 아픈 목사님과 시들은 호박잎마냥 추욱 늘어진 김 집사가 교회에 들어선 것은 으슥히 저녁이 깊어진 시간이었다. 깜짝 놀란 사모님이 사연을 듣고서는, 기뻐 뛰며 같이 찬송할 땐 언제냐는 듯 눈을 찌익, 흘기며 이렇게 말했다.

"여봇, 목싸님, 그렇게 영안이 어두워서야 어찌 목회하겠어욧? 영안이 밝아야 사기꾼인지 진짜 성돈지 알아볼 거 아녜욧?!"

기분이 비참해진 목사님은 강대상 뒤로 돌아가 방석에 얼굴을 파묻으셨단다.

• •

사랑의 주님, 거짓이 만연한 이 세상에서 오직 참 진리이신
예수 그리스도만을 의지하게 하옵소서.
그로 인하여 거짓으로 상처받은 영혼들이 새 힘을 얻어 소생케 하옵소서.
예수님의 이름으로 기도합니다. 아멘

영안이 밝아야죠!

사모니임, 밥풀 떼셔~

사모님이 목사님을 처음 만난 것은 푸르른 마음이 가득한 대학 1년생이었을 때였다고 한다.

일찍이 신앙심이 돈독한, 썩 괜찮은 청년이 꽤나 좋아지던 차에, 어느 날의 구혼에 아멘으로 답한 터였다. 대학도 미처 졸업하기 전에 세상지식, 학위 같은 거 휴지 버리듯 내던지고 일편단심으로 남편 좇아 개척교회부터 시작하였다. 못 먹고 못 입고 뜨듯한 잠자리에서 편안한 잠 못 자는 것쯤이야 아무렇지도 않았다.

그저 남편 열심 좇아 순종하면서 철야에, 새벽기도에 심방에, 조르르 둔 아이들 거두는 것에 '바뻐 바뻐'하며 살아왔다.

고달픈 중에도 제법 성도의 수가 늘어나고 교회의 평수가 자꾸만 커졌다. 다른 이들이 제법 부흥이 빠르다고 칭찬을 했고 그럴 때마다 마음 한켠이 뿌듯해지기도 했다.

그런데 목사님 섬기는 성도들이 많다 보니 사모님의 상대적 박탈감은 자꾸만 커져갔다.

도대체 자신이 설 자리는 어디인지, 무엇을 해야 하는지, 무엇 때문에 자기가 존재해야 하는지……. 갈등이 생겼다.

그도 그럴 것이 아이들도 제법 자라서 엄마의 손길을 오히려 간섭으로 치부해 버리기가 일쑤였고 목사님의 양말에서 양복까지 철철이 신경 쓸 게 없어졌다는 것 외에도 더욱 사모님을 심난하게 하는 것은 목사님의 돌변한 태도였다.

같이 심방이라도 갈라치면 잘 차려놓은 성도의 잔칫상을 침이 마르도록 칭찬하시고는 요런 거 한 번도 먹어보지 못했다는 말을 잊지 않으시는 거였다. 더욱 심사가 뒤틀리는 것은 모 집사님의 잇새에 낀 고춧가루까지 신경 쓰시면서 "어여, 집사님, 떼셔~"하며 금방 떼어주기라도 할 듯 사랑스레 조언도 하는 남편이 자기는 턱밑에 밥풀이 묻어있어도 내버려두어 글쎄, 옆의 집사님이 "사모님, 밥풀떼셔~"할 정도이니, 이건 도대체 자존심이 팍팍 상하던 터였다.

어떤 여집사님의 초대를 받고 점심 약속이 있는 날이면 목사님은 시치미 뚝 떼고 시간 지켜 양복 입고 구두 닦아 신고는 나가신다는 거였다. 이미 정보가 입수된 사모님이 "목사님, 점심은 어떡하고 지금 나가시나요?" 하고 슬쩍 물을라치면 "어~엉, 대충 먹을 일이 있으니께 혼자 드셔!" 하신다나.

연애 시절엔 잘생겨 뵈던 목사님의 뒷꼭지가 이 층에서 떨어진 메주 짝만큼이나 흉측해 보여 "어이구, 저런 사람하고 내가 왜 결혼했나"하고 두런두런하며 애꿎은 살림살이만 힘주어 쎄게 놓을라치면 목사님께서는 "어여! 다 늙어가지고 질투하나!" 하시며 핏대를 오르게 하시던 거였다.

이 정도이면 인내의 마지노선이다 싶어 보따리 주섬주섬 챙겨 들고 사모님의 가출은 감행되었다. 열차 차창 밖으로 사모님의 마음 같은 스산한 겨울 경치가 달려가는 것을 바라보며, 집 나서기가 이렇게 쉬운데 바보같이 십 년 넘게 홀로 여행 한 번 못한 게 억울한 생각이 들기도 하고, 어디, 나 없이 한번 견뎌보라는 고소한 마음이 뒤범벅되어 꽤나 마음이 복잡해져서 눈을 감아 버렸다.

동해 바다 물결이 출렁이는 바닷가 기도원에서의 첫날밤은 좀 외롭긴 하였지만 편안하였다. 그러나 이틀, 사흘, 날이 갈수록 자꾸만 집안일도, 교회 일도 궁금해졌다.

"목사님은 날 찾아다니실까……?" "에구! 이럴 줄 알았으면 목사님도 잘 아시는 기도원으로 갈 걸, 아냐, 쓴맛 좀 봐야 해, 수요예배는 많이 나왔나, 오 집사님이 아프다고 했는데 좀 괜찮아지셨나, 아이들 점심 도시락은 어찌 됐나, 빨래가 산더미일 텐데, 심방 약속은 잘 지키셨나……." 온갖 것이 다 걱정투성이었다. 괜시리 눈물이 줄줄 나와 할머니 기도원장님을 찾아가 한바탕 하소연을 하였다.

주름살 깊은 원장 할머니께서 말씀하셨다.

"이보게 사모님, 난 열여섯 살에 예수님과 결혼하고 이 바닷가에서 평생을 홀로 지낸다네, 내가 가장 사랑하는 남동생마저 작년에 떠났다네……."

방으로 돌아온 사모님은 주섬주섬 보따리를 챙겨 기차역을 향해 달려 나갔다. 사모님의 빠른 발자국 소리에 동해바다의 부서지는 파도소리가 어우러져 경쾌한 리듬을 만들어 내었다.

· ·

사랑이 많으신 주님, 우리의 삶 속에 함께 동행 할 수 있는 이웃을 주시니
감사합니다. 그로 인하여 우리의 마음 가득히 늘 우리와 동행하신
주님의 사랑으로 인한 기쁨이 충만하게 하옵소서.
예수님의 이름으로 기도합니다. 아멘

사모니임, 밥돌 메셔~

빛의 사자들

  강의가 시작되기 전 한 학생이 내게 다가왔다. "교수님, '빛의 사자들이여'라는 찬양이 눈물 나오는 찬양 곡인 줄을 몰랐어요." 만학도인 그녀의 목소리에는 다소 흥분이 얹혀 있었다. 늦은 나이에 시작한 영어공부에 대해 적이 좌절감을 느끼고 있었는데 새로이 소망이 생겨났다며 즐거워하는 거였다. '빛의 사자들이여'를 부르며 많이 울었다고도 했다.

  몇 년 전 일로 기억된다. 광화문에 있는 S교회에서 대예배를 드리면서 찬송가 259장 '빛의 사자들이여'를 찬양하게 되었다. '빛의 사자들이여, 어서 가서 어둠을 물리치고 주의 진리 모르는 백성에게 복음의 빛 비춰라.' 하는 찬양을 부르며 하염없이 눈물이 쏟아져 내렸다.
  어떤 마음이었는지는 지금 표현할 길 없지만, 앞으로의 갈 길에 대한 막연한 두려움과 방황 속에 있었던 나를 향하여 주님께서 강한 음성으로 말씀하시는 것 같은 느낌이었던 것으로 기억된다. 시냇물이 흐르듯 주체할 수 없는 눈물이 흘러나왔다. 4/4박자의 경쾌하고 우렁찬 리듬 속에서 슬픔보다 더 슬프게 울 수 있다는 것이 경이로웠다. 그때 주님은 나에게 '빛의 사자'가 되라고 말씀하셨다.

내 마음의 소원대로 하나님께서 나를 신학대학의 강단에 세우셨다. 그것도 내 전공과는 전혀 다른 '선교영어'이고 보니 가히 기적이라 아니할 수 없다. 그래서 영어강의를 시작할 때마다 난 이 찬송을 꼭 부르게 되었고 나에게 힘을 주는 찬양이 된 것이다. 큰 강의실에서 150여 명 되는 학생들과 함께 첫 강의를 시작하던 날, 난 너무 긴장했던지 그만 찬양 드리는 걸 잊고 말았다. 평소 명강의라는 말을 들어온 터이지만 웬일인지 맘먹은 대로 잘 되지 않았다. 오후 강의를 준비하며 할 수 없이 뻣뻣한 무릎을 꿇고 간절히 기도했었다. 내 마음에 겸손함이 바래져 있었던 걸 발견할 수 있어서 마음 깊이 애통하며 주님께 나의 잘못을 고백했다. 오후 강의가 시작되기 전 가슴으로 울며 빛의 사자된 마음으로 찬양 드렸다. 하나님께서 도우신다는 확신이 온몸으로 전율처럼 느껴져 왔다. 난 학생들을 향하여 오전 강의의 경험을 이야기하면서 삼손이 머리 잘렸을 때의 기분을 알 수 있을 것 같다고 말했다.

'빛의 사자' 된 마음으로 시작되지 않은 강의는 삼손의 무력함처럼 날 끝없이 무능케 한다. 자리가 없어 서서 강의를 듣는 만학도의 진지한 표정과, '이제 할 수 있다'는 눈빛으로 환하게 웃는 앳띤 선교사 후보생들의 미소에서 오늘도 나를 향하여 복음의 빛 전하기를 명령하신 주님의 음성과 성령의 권능을 받고 땅 끝까지 복음을 전파하라는 주님의 강력한 명령을, 주님 오시는 그날까지 민감하게 들으며 살아가야 하리라.

주님의 도우심 없이는 아무 것도 할 수 없는 내 자신을 다시 한 번 돌아보게 되었던 첫 강의였다.

• •

사랑의 주님, 오늘도 우리를 향하여'빛의 사자'되라고 말씀하시니
그 명령에 순종하나이다. 그로 인하여 우리의 마음이 늘 겸손한 가운데
주님의 명령을 좇아 행하게 하옵시며 우리의 가는 길 위에
성령님의 도우심이 끊이지 않게 하옵소서.
예수님의 이름으로 기도합니다. 아멘

I love you, God

지은이 | 初更 김유순

1판 1쇄 인쇄 - 2012년 05월 10일

발   행   처   도서출판 HIM
발   행   인   김서권
총   기   획   이명석
편 집 · 디 자 인   진성현 · 임근완
홍 보 · 판 매   김지웅
표 지 그 림   이영미
등   록   번   호   제321-2011-000102호
등   록   일   자   2011년 5월 25일

137-882   서울시 서초구 서초4동 1687-2 중앙서초프라자 6F
             Tel 02-594-9195 / Hp 010-8553-8824 / Fax 02-537-8771

ISBN   978-89-968481-2-7 03230
값   10,000원